河合塾
SERIES

ステップアップノート30

頻出漢字と基礎知識

三訂版

鈴木 亙・秋野 博司・新井 勝憲・鈴木 理保子・三石 稔憲・弓吉 晶
共著

河合出版

はじめに

漢字の「書き取り」と「読み取り」、「国語の基礎知識」の構成でスタートした「ステップアップノート30　頻出漢字と基礎知識」は、幸いにも利用者をはじめとする多くの方々の支持を受け、順調に版を重ねてきた。

この間、令和3年より、従来のセンター試験の後継として大学入学共通テストが実施されるとともに、現代文にかぎらず、他教科の大学入試問題においても文章の読解をベースとした問題が増加傾向にあり、入試における漢字力および語彙力の重要性がいっそう広く認識されるようになった。また、評論重要語の拡充を求める利用者の声や、語句の意味説明を増やしてほしいという要望も寄せられてきた。そこで、以下の方針に従って、改訂を施すことにした。

1　「国語の読解という全体的な視野から、頻出漢字と基礎知識とを効果的で体系的に学習できる」問題集という基本的な方針は変えなかった。

2　従来のⅠ「漢字書き取り」Ⅱ「漢字読み取り」Ⅲ「国語の基礎知識」Ⅳ「センター試験対策」をもとに、Ⅲを「共通テスト対策」、Ⅳを「現代文の基礎知識」として、それぞれ補訂増補を施した。

Ⅰ「漢字書き取り」

最重要・要注意漢字

「書き取りにも読み取りにも出る漢字」

「訓読み」

「同音異義」

ジャンル別重要漢字⑴（おもに評論で必要な漢字）

「芸術」「文化」「思想」「政経」「社会」

ジャンル別重要漢字⑵（おもに小説で必要な漢字）

「生活」「思考」「心理」「動作」

ジャンルを超えた必須漢字

以上で捉えられなかった頻出重要漢字を並べた。

Ⅰ「漢字書き取り」の全般にわたり、当該漢字の意味の説明を増やした。

Ⅱ「漢字読み取り」

頻出漢字を並べて、当該漢字の意味の説明を増やした。

Ⅲ「共通テスト対策」

共通テストの漢字問題の形式に合わせるとともに、問題数を増やした。

Ⅳ「現代文の基礎知識」

近年の入試の傾向に即して、「評論読解用語」を拡充した。

30のパラグラフからなるこの問題集を生徒諸君が有効に利用することで、文章読解力の「ステップアップ」に資することを願ってやまない。

令和4年11月

編集者一同

本書の使い方

1　原則的にどこから始めてもいいだろうが、一度は全体を通して学習してもらいたい。その際に、間違えた箇所をチェックして、誤ったものを確実に身につけておくのが望ましい。

2　ひとまとまりの学習が済んだら、「**チェックテスト**」で実力を確認すると有効だろう。

3　特に苦手な分野があれば、それに応じて必要な箇所を集中的に学習することもできる。

4　学習する箇所に対応する「**coffee break**」があれば、そこを参考にすることもできる。また、「**coffee break**」を単独で学習することもできる。

5　これらの作業と並行して、授業や教科書などで出た漢字を、別冊の解答・解説編の「**索引**」で確認しながら学習するという使用方法も有効である。

凡例

①　＝　……正解と同じ扱いをされる別解を示す。また、慣用句などの意味を示すこともある。

②　外　……「外来語」を示す。

③　同　……「同義語」「類義語」を示す。

④　反　……「対義語・(反対語)」を示す。

⑤　異　……「同音異義語」を示すが、特に紛らわしいものに限定した。

⑥　慣　……「慣用句」やそれに準ずるものを示す。

目次

III 共通テスト対策 75〜85

IV 現代文の基礎知識 87〜111

〈別冊〉

最重要・要注意漢字

1 最重要・要注意漢字〈書き取りにも読み取りにも出る漢字1〉

- ❶カードの普及が大学生のショウドウ買いを助長した。（　　）抑えの利かない欲求で行動しようとする心の動き
- ❷少年は些細《ささい》な言葉にも傷つくセンサイな心を持っている。（　　）こまやかなさま
- ❸漢字の苦手な生徒は自己ケンオに陥るだろう。（　　）不愉快に思うこと
- ❹金銭に過度にシュウチャクする者を守銭奴という。（　　）物事に強くひかれること
- ❺民衆は独裁者に対するゾウオの念を露骨に示し始めた。（　　）にくみきらうこと
- ❻営業成績の伸びない営業マンはショウソウ感に駆られた。（　　）あせること
- ❼自分のせいで友を亡くした彼はカイコンの涙にくれた。（　　）くやむこと
- ❽失業してトホウにくれた労働者が町には溢《あふ》れていた。（　　）てだて・向かう方向
- ❾弟子たちは孔子《こうし》に対してイケイの念を抱いていた。（　　）おそれうやまうこと
- ❿選手は不当な判定をくつがえそうとシツヨウに抗議した。（　　）しつこいこと
- ⓫知事が収賄《しゅうわい》で逮捕されたのは誠にイカンなことである。（　　）残念なこと
- ⓬コウオの激しい人は嫌われる傾向にある。（　　）すききらい
- ⓭客のシコウに合わせて食事を準備する旅館はまれだ。（　　）このみ　異志向
- ⓮芸能界が華麗な世界に見えるのはサッカクに過ぎない。（　　）思い違い

読み取り

- ❶古都の風情を楽しむ。（　　）
  味わいのある趣き
- ❷稀有な体験を記録する。（　　）
  めったにないこと
  ※希有とも書く
- ❸酒は人を饒舌にする。（　　）
  多弁なこと
- ❹頽廃的な風潮に染まる。（　　）
  不健全なこと
- ❺人の人たる所以を知る。（　　）
  わけ・いわれ・根拠

□⑮ 先生は生徒に志望大学への合格の方法をシサする。（　　）それとなく示し教える

□⑯ 再会した二人は何も言わず互いの顔をギョウシした。（　　）じっと見つめる

□⑰ 兵役をキヒするために海外に逃亡する若者もいた。（　　）さける

□⑱ 静かな山村には都会のザットウにはない安らぎがある。（　　）人混み

□⑲ 孟浩然《もうこうねん》は一生涯仕官せずにシセイの人として生きた。（　　）町中　慣「シセイの人」＝町中に住む庶民

□⑳ 急ごしらえの多国籍軍をトウギョするのは至難の業だ。（　　）全体をまとめ、おさめること

□㉑ 新首相は従来の外交政策をトウシュウしたいと述べた。（　　）それまでのやり方を受け継ぐ

□㉒ 女性雑誌がファッションのヘンセンの特集を組む。（　　）移りかわり

□㉓ 罪人が自分の犯した罪を悔い改めて仏教にキエした。（　　）神仏などにすがること

□㉔ 東大寺のケイダイには修学旅行生が溢れていた。（　　）寺社の敷地の内側

□㉕ 新大関は相撲《すもう》道にいっそうショウジンしたいと語った。（　　）身を清め行いを慎む

□㉖ 心の乱れを鎮めるためにソウゴンな寺院を訪れた。（　　）重々しく立派な

□㉗ エシャクさえできない社員が上司に注意された。（　　）軽く一礼すること

□㉘ 新人役者のシロウト同然のセリフ回しには呆《あき》れる。（　　）物事に経験がない人　反 玄人《くろうと》

□㉙ ジセイの句を詠み終えた彼の頬を一筋の涙が流れた。（　　）慣「ジセイの句」＝死ぬときに書き残す詩歌

□㉚ 妊婦は胎児の分まで栄養をセッシュする必要がある。（　　）取り入れ自分のものにする

□❻ **傲慢**な態度に**立腹**する。（　　）
おごって人をあなどること

□❼ 任務を速やかに**遂行**する。（　　）
なしとげること

□❽ 全く**躊躇**せず決定する。（　　）
ためらうこと

□❾ **鷲**が大空を**飛翔**する。（　　）
空中を飛んでいくこと

□❿ 未来**永劫**変わらぬ**真理**。（　　）
かぎりなく長い年月

2 最重要・要注意漢字〈書き取りにも読み取りにも出る漢字2〉

□❶加害者の提示した賠償額に遺族はナットクしなかった。（　）他人の考えや行為を認める
□❷現代の日本人は平和憲法の恩恵をキョウジュしている。（　）受け入れて味わう
□❸ボウキャクしていた過去の記憶がある日突然蘇った。（　）わすれること
□❹国民がケネンしていた戦争という最悪の事態は免《まぬか》れた。（　）心配すること
□❺女性ベッシの発言をした大臣が辞職に追い込まれた。（　）見下げること
□❻幼い頃の入院生活が医者を志すケイキとなった。（　）きっかけ
□❼国民生活の実態をハアクしている政治家は実に少ない。（　）つかむ
□❽ガイネンが明確に規定された言葉を用いて論文を書く。（　）言葉の意味
□❾国連は対立する両国の主張のセッチュウ案を提案した。（　）両方の極端を捨て程よいところをとること
□❿若者の心の荒廃をショウチョウする事件が多発する。（　）抽象的なことを具体的なもので示す
□⓫日米首脳会議は和《なご》やかなフンイキの中で進行した。（　）場を満たしている気分や空気
□⓬講演なれした有名人のチンプな話に聴衆は失望した。（　）古くさくありふれていること
□⓭元アイドル歌手の乱れた私生活が次々とバクロされた。（　）秘密や悪事をあばく
□⓮詩人はヒユを用いて表現することがたくみである。（　）たとえ

読み取り

□⓫剣術の**極意**を会得する。（　）
理解して自分のものとすること
□⓬人心の**乖離**を招来する。（　）
そむき離れること
□⓭一つの意味に**収斂**する。（　）
いろいろと分かれていたものが、一点にまとまってくること
□⓮**寂寥**感を禁じ得ない。（　）
ものさびしさ
□⓯物価が**漸次**上昇する。（　）
次第に・だんだん

□ ⑮ 問題集の評判がまたたく間に生徒の間にシントウした。（　　）しみこむ・行きわたる

□ ⑯ 原発の施設では少しのソウサミスも許されない。（　　）一定の手順で動かすこと

□ ⑰ 一度や二度の失敗で自信をソウシツしてはいけない。（　　）うしなう

□ ⑱ 開発に名を借りた自然ハカイには断固反対すべきだ。（　　）こわすこと

□ ⑲ 感情をヨクセイできず暴力をふるう事例が増えている。（　　）おさえること

□ ⑳ 散歩中に事故にソウグウした男性が一命を取り留めた。（　　）出会うこと

□ ㉑ 近所の神社に初詣をして大願ジョウジュを祈願した。（　　）なしとげること

□ ㉒ 妻はこの世の中で私の愛するユイイツの女性である。（　　）ただ一つだけで他にはないこと

□ ㉓ 一般庶民もやっと景気が回復するケハイを感じ始めた。（　　）何となく感じられるようす

□ ㉔ 歴史に対する理解がセンパクだと批判された。（　　）あさはか

□ ㉕ テイサイばかりを気にする人間は他人に尊敬されない。（　　）他人に対する見栄・外観

□ ㉖ 権力によってマッサツされていた事実が明るみに出た。（　　）完全に存在を否認する

□ ㉗ アイマイな態度を改めてはっきりと意思表示すべきだ。（　　）内容がはっきりしない

□ ㉘ 国民は国会がエンカツに運営されることを望んでいる。（　　）物事がすらすらと運ぶこと

□ ㉙ 恋人の死を知った彼はしばらくコクウを見つめていた。（　　）何もない空間

□ ㉚ 事故に関するサクソウした情報に関係者の不安が募った。（　　）物事がこみいっていること

□ ⑯ **純粋無垢**な少女に育つ。（　　）
けがれのないこと

□ ⑰ **由緒**ある家柄を誇る。（　　）
物事のそもそもの起こり・来歴

□ ⑱ 李白《りはく》は**所謂**天才詩人だ。（　　）
世にいう・例の

□ ⑲ **豪奢**な宝石で身を飾る。（　　）
ぜいたくで、はでなこと

□ ⑳ 思わず表情が**弛緩**する。（　　）
ゆるむこと

3 最重要・要注意漢字〈訓読み〉

☐❶ 不世出《ふせいしゅつ》の強打者でもスランプにオチイることがある。（　　）悪い状態にはまりこむ

☐❷ 独裁者は自分の地位をオビヤかす者の出現を恐れた。（　　）人をおびえさせる

☐❸ 両国の武力衝突はサけられそうもない情勢である。（　　）好ましくない物事から離れた位置をとる

☐❹ 彼は芸能人から実業家へとアザやかな転身を遂げた。（　　）きわだって見事である

☐❺ 将来の日本をニナうのは漢字の習得に励む君達だ。（　　）身に引き受ける・支え進める

☐❻ 増税反対をウッタえた政党が総選挙で大躍進した。（　　）人に告げる

☐❼ 私は毎朝妻が野菜をキザむ包丁の音で目を覚ます。（　　）細かく切る

☐❽ 肉体の老化を防ぐにはまず足腰をキタえる必要がある。（　　）強くする

☐❾ 暦《こよみ》をクる妻の細い指先さえ今の私には輝いて見える。（　　）順にめくる

☐❿ 神戸にはコった造りの西洋風の建物が並んでいる。（　　）工夫をこらした

☐⓫ 今や二人の結婚をサマタげるものなど何もない。（　　）じゃまをする

☐⓬ 英語や数学の勉強にアきた時には漢字の勉強をしよう。（　　）いやになる

☐⓭ 先生は早く志望校を決定するよう生徒にウナガした。（　　）早く物事をするよう急がす

☐⓮ 家庭もカエリみない猛烈社員にだけはなりたくない。（　　）振り返って考える

読み取り

☐㉑ 国民に法を遵守させる。（　　）
教え、法律などをよく守ること

☐㉒ 毎日出納簿に記入する。（　　）
収入と支出

☐㉓ 刹那的な生き方をする。（　　）
ごく短い一瞬のこと

☐㉔ 普請中の家が立ち並ぶ。（　　）
家を建て直したりすること・建築

☐㉕ 未曾有の珍事件に驚く。（　　）
今までになかったこと

- ⑮ 某国は紛争解決のための国連の介入を頑なにコバんだ。（　　）さまたげる
- ⑯ 春風にサソわれて一家でピクニックに出かけた。（　　）さそいだす
- ⑰ 天才料理人のタクみな包丁さばきに誰もが舌をまいた。（　　）上手な　反 拙《つたな》い
- ⑱ 楊貴妃《ようきひ》の去った後はかぐわしい香りがタダヨっていた。（　　）ふわふわ浮いている
- ⑲ 百貨店は買物客の便宜をハカって閉店時間を遅らせた。（　　）実現を企てる
- ⑳ 彼の部屋は足のフみ場もないほどきたない。（　　）慣「足のフみ場もない」＝物が散らかっている様子
- ㉑ 叔父は貿易業をイトナむかたわら執筆活動をしている。（　　）経営する・とりおこなう
- ㉒ 台風に襲われた町の惨状に思わず目をオオいたくなる。（　　）隠すように一面にかぶせる
- ㉓ 彼女のカナでるバイオリンの音色に誰もが聴きいった。（　　）楽器を演奏する
- ㉔ 多くの秀才たちの中でも彼の才能はキワダっていた。（　　）他のものと区別されてはっきりとめだつ
- ㉕ クズれた建物の下から子供が奇跡的に救助された。（　　）砕けて壊れる
- ㉖ 大学受験にソナえて評判の高い問題集を購入した。（　　）あらかじめ用意しておく
- ㉗ 巨額な資金をツイやして完成した客船が転覆した。（　　）金や物や時を使う
- ㉘ 若者には経験のトボしさを補うだけの活力がある。（　　）数量が少なくて不足がち
- ㉙ 名人の落語家は観客の反応のニブさに怒りを覚えた。（　　）感覚や反応などが鋭くない
- ㉚ 駄洒落《だじゃれ》の説明をするのは恥の上《うわ》ヌりだ。（　　）慣「恥の上ヌリ」＝恥をかいたうえに、また恥をかくこと

- ㉖ 衆生は輪廻転生する。（　　）生きかわり死にかわりすること
- ㉗ 平生の努力が実を結ぶ。（　　）ふだん
- ㉘ 町が著しく変貌する。（　　）姿の変わること
- ㉙ 夫婦関係が破綻する。（　　）従来の関係がこわれること
- ㉚ 妻は私の心の糧である。（　　）食料・支えとなるもの

4 最重要・要注意漢字〈同音異義〉

☐ ❶ 名刑事の鋭い推理が事件のカクシンに迫る。（　　）中心であり大切なところ

☐ ❷ 不審な行動を見て彼が犯人だというカクシンを得た。（　　）かたく信じていること

☐ ❸ 秋という季節は人をカンショウ的にしてしまう。（　　）「カンショウ的」＝物事に心を動かされやすく涙もろいさま 外センチメンタル

☐ ❹ 他人に私生活をカンショウされることは不愉快だ。（　　）他人の物事に関係する

☐ ❺ 映画をカンショウすることが私の趣味である。（　　）芸術などを味わう

☐ ❻ 才能のある新人の活躍が人々のカンシンを集めた。（　　）興味を持って注意を向ける

☐ ❼ 上司のカンシンを買おうとお世辞を言った。（　　）喜ぶ気持ち 慣「カンシンを買う」＝気に入られるように努める

☐ ❽ 人々は火山の噴火に自然のキョウイを感じた。（　　）おびやかされること

☐ ❾ 被災地はキョウイ的な速さで復興を遂げた。（　　）非常に驚くべきこと

☐ ❿ 俳句を詠むというコウショウな趣味を持つ人は少ない。（　　）上品なこと

☐ ⓫ 賃金引き上げのため会社とコウショウする。（　　）相手と話し合い取り決めようとする

☐ ⓬ 時代劇は時代コウショウを厳密に行うべきだ。（　　）過去の事実関係を明らかにすること

☐ ⓭ 税金が無駄遣いされているのはシュウチの事実だ。（　　）広く人の間に知れ渡ること

☐ ⓮ シュウチを集めて長びく不況の対策を練る。（　　）多くの人々の知恵

■ 読み取り ■

☐ ㉛ 応急の**措置**を講ずる。（　　）
取りはからうこと・処置

☐ ㉜ **倒錯**した性の世界を描く。（　　）
さかさまになること・混乱して異常な状態になること

☐ ㉝ **修行**を積み**迷妄**を断つ。（　　）
心の迷い

☐ ㉞ この**界隈**はにぎやかだ。（　　）
あたり・近所

☐ ㉟ 仏をひたすら**渇仰**した。（　　）
仏教で深く信仰すること・深く慕うこと

- ⑮ 日本は他国の文化をジュヨウして雑種文化を形成した。（　　）受け入れて取り込む
- ⑯ 新製品はジュヨウが多くて生産が間に合わない。（　　）物事を必要として求めること・購入の欲求 反供給
- ⑰ 新人の作品は気負いすぎてセイコウな表現が目につく。（　　）表現が未熟でこなれていないこと
- ⑱ スイスの時計はセイコウにできていると言われる。（　　）細工が細かく、よくできていること
- ⑲ 白亜紀に生息した恐竜の姿をソウゾウして描く。（　　）心の中に思い浮かべる
- ⑳ 神が万物をソウゾウしたと説く教典もある。（　　）新しい物を自分から作り出す
- ㉑ インフレは経済の成長をソガイする要因だ。（　　）邪魔する
- ㉒ 無機的な都会の生活が人々にソガイ感を抱かせる。（　　）嫌ってのけものにすること
- ㉓ ジキル博士とハイド氏は性格がタイショウ的だ。（　　）違いがはっきりしていること 外コントラスト
- ㉔ 今の企業は女性をタイショウとして製品開発を行う。（　　）相手
- ㉕ 部下に自分の責任をテンカする態度は潔《いさぎよ》くない。（　　）責任などを人になすりつけること
- ㉖ 不況のため企業の業績が赤字にテンカした。（　　）他の状態、物に変化する
- ㉗ 私小説は作者の身上をヒョウハクしたものが多い。（　　）述べること
- ㉘ 西行、芭蕉などは旅に生きたヒョウハクの作家だ。（　　）あてもなくさすらうこと
- ㉙ 家を借りるためには身元をホショウする人が必要だ。（　　）請《う》け合うこと
- ㉚ 国連は世界の安全をホショウするための機関である。（　　）侵されないように守ること

- ㊱ 心中で激しく葛藤した。（　　）もつれ・あらそい・相反する気持ちで迷う
- ㊲ 勝敗の帰趨は明らかだ。（　　）ゆきつくところ
- ㊳ 先行きの懸念が高まる。（　　）気にかかって不安がること・心配
- ㊴ 春の気配が感じられる。（　　）何となく感じられる様子
- ㊵ 恣意的な解釈を避ける。（　　）自分の思うまま・思いついたままの考え

チェックテスト A

1 妻はショウドウ買いをした。

2 金銭にシュウチャクする。

3 夢を現実とサッカクする。

4 互いの顔をギョウシした。

5 伝統をトウシュウする。

6 ビタミンをセッシュする。

7 恩恵をキョウジュできる。

8 ボウキャクしたい記憶。

9 対立意見のセッチュウ案。

10 自信をソウシツした状態。

11 彼は憤りをヨクセイした。

12 国会のエンカツな運営。

13 敵の策略にオチイった。

14 志望校の決定をウナガす。

15 利用者の便宜をハカる。

16 キワダった才能の持ち主。

17 私生活にカンショウする。

18 趣味は音楽カンショウだ。

19 経済の成長をソガイする。

20 夫はソガイ感を抱いた。

21 人の人たる所以を知る。

22 任務を速やかに遂行する。

23 全く躊躇せず決定する。

24 物価が漸次上昇する。

25 純粋無垢な少女に育つ。

26 思わず表情が弛緩する。

27 平生の努力が実を結ぶ。

28 町が著しく変貌する。

29 心中で激しく葛藤した。

30 恣意的な解釈を避ける。

書き取り　/20

読み取り　/10

coffee break 1 同訓異字

漢字は、「訓読み」が同じであっても意味の違いによって異なる字が使われる。日頃からそれぞれの漢字の意味をしっかりと理解し、文脈に合った正しい漢字を書けるようにしてほしい。

おかす

❶彼は罪を犯した。（法、道徳の定めを破る）
❷他国の領土を侵す。（他国の土地に不法に入る・攻め入る）
❸危険を冒して救出する。（危険をかえりみず行動する）

かえる・かわる

❶主人に代わって出席する。（他の者の代理をする）
❷部品を取り替える。（ある物が退き、他の物がそこに来る）
❸円をドルに換える。（場所、方法をとりかえる）
❹信念を変えない。（前と違った状態に移す・変化させる）

きく

❶彼は機転が利く。（よく動き働く）
❷もらった薬はよく効く。（作用、効果が十分に表れる）
❸彼の噂を聞いた。（音や話を耳で感じ取る）
❹市民の意見を聴く。（意志を持って注意して聞く）

つく

❶経済に汚点が付く。（添え加わる）
❷社長の地位に就く。（ある位置に身を置く）
❸相手の胸を突く。（物の先端を当てるように出す）
❹電車が着いた。（動いてある所、物に到達する）
❺マッチの火が点く。（ともす）

つとめる

❶建設会社に勤めている。（勤務する）
❷事態の収拾に努める。（力を尽くす）
❸町内の役員を務める。（役目を受け持つ）

はかる

❶列車の平均時速を計る。（量、重さ、長さを調べる）
❷米の重さを量る。（物の量や重さを調べる）
❸動議を委員会に諮る。（相談する）
❹駅までの距離を測る。（量や長さを調べる）
❺部長の失脚を謀る。（だます・欺く・企てる）
❻新都市計画の実現を図る。（計画する・意図する）

やさしい

❶彼女は優しい人だ。（細やかで柔らかな様子）
❷易しい問題から手をつける。（すぐできるほど簡単）

ジャンル別重要漢字（1）

5 ジャンル別重要漢字(1)〈芸術〉

☐ ❶ どんな天才的な画家でも最初はモホウから始める。（　　）
☐ ❷ 島崎藤村の小説『破戒』は自然主義文学のケッサクだ。（　　）
☐ ❸ 鼻と目を少しコチョウして描くのが彼の肖像画の特徴だ。（　　）
☐ ❹ ランボーの詩の音楽性をホンヤクで伝えるのは難しい。（　　）
☐ ❺ バッハの音楽にはセンレンされた様式の美がある。（　　）
☐ ❻ パリのノートルダム寺院はゴシック建築のテンケイだ。（　　）
☐ ❼ この世のものと思えぬ彼女の歌声に聴衆はトウスイした。（　　）うっとりする
☐ ❽ ガンチクのある文章は読むほどに味わいが深まる。（　　）奥深い味わいや豊かな内容があること
☐ ❾ 永井荷風は消えゆく江戸ジョウチョを愛惜した。（　　）折りに触れて起こる様々な思い。またその雰囲気
☐ ❿ 実際の事件にフンショクを施しただけの安易な芝居だ。（　　）うわべをかざること
☐ ⓫ ピアノ曲をカンキョウの赴くままに一気に書き上げた。（　　）物事に感じて興がわくこと 異環境
☐ ⓬ モーツァルトの切なく甘美なセンリツに酔いしれた。（　　）
☐ ⓭ トルストイはキョコウを通して人間の真実を描いた。（　　）うそ 外フィクション
☐ ⓮『檸檬《れもん》』は梶井基次郎が書いたシュギョクの短編小説だ。（　　）尊い、美しい、賞すべきもの

■読み取り■

☐ ㊶ 旅への**衝動**に駆られた。（　　）
発作的に行動しようとする心の動き

☐ ㊷ 原稿を幾度も**推敲**する。（　　）
文章をよくするため何度も書き直すこと

☐ ㊸ 彼女は皆の**羨望**の的だ。（　　）
うらやむこと

☐ ㊹ 現場を見て**戦慄**した。（　　）
おそろしくてふるえること

☐ ㊺ 愛情が**憎悪**に変わった。（　　）
にくむこと

□ ⑮ 華麗なソウショクで縁取られた古代エトルリアの壺。（　　）

□ ⑯ 彼は西欧美術、ことに絵画史についてゾウケイが深い。（　　）
学問、芸術などの特定分野の理解が深いこと

□ ⑰ 漱石は人間心理のナイオウに潜むものを微細に描いた。（　　）

□ ⑱ ゴッホの激しい筆遣いは彼の内面のヒョウショウだ。（　　）
心に描く像

□ ⑲ 高度なギコウを駆使した名演奏にすっかり聞きほれた。（　　）

□ ⑳ 『悪の華』は文体と内容とが見事にショウオウした詩集だ。（　　）
二つのものが互いに対応する

□ ㉑ 芥川は『今昔物語集』をソザイにして多くの短編を書いた。（　　）

□ ㉒ 大胆で力強い生命表現がロダンのチョウコクの魅力だ。（　　）

□ ㉓ 新奇なイショウを凝らした絵画が最近の流行である。（　　）
工夫をめぐらすこと
例デザイン

□ ㉔ 酒を愛した唐の詩仙李白《りはく》のインリツに富んだ詩が好きだ。（　　）
言葉のリズム

□ ㉕ この劇に登場する人物や事件はすべてカクウの存在だ。（　　）
うそ

□ ㉖ 耽美派の谷崎潤一郎は美とカンノウの世界を描いた。（　　）
感覚

□ ㉗ 目も綾《あや》なシキサイの乱舞が絵の中で繰《く》り広げられている。（　　）

□ ㉘ 奇想天外なシュコウを凝らした江戸川乱歩の探偵小説。（　　）
おもしろい工夫

□ ㉙ この寺の庭園は周りの風景と見事にチョウワしている。（　　）

□ ㉚ 奇術師は唐草《からくさ》モヨウの風呂敷の中から鳩を取り出した。（　　）

□ ㊻ 内容の**把握**が大事だ。（　　）
つかむこと・しっかり理解すること

□ ㊼ **疑念**を**払拭**できない。（　　）
取り除くこと

□ ㊽ **妖怪変化**が**跳梁**《ちょうりょう》する。（　　）
本来の姿を変えて現れること・また現れたもの

□ ㊾ **連歌**は**発句**から始まる。（　　）
連歌、俳諧の初めの一句

□ ㊿ 彼の**頭脳**は**明晰**だ。（　　）
明らかではっきりしていること

6 ジャンル別重要漢字（1）〈文化〉

☐ ❶ 君主は自らギセイとなることで国家滅亡の危機を救った。（　　）（　　）

☐ ❷ 人間は言葉によって混沌とした世界をチツジョづける。（　　）（　　）

☐ ❸ 独裁者は反対勢力をハイジョして権力を固めようとする。（　　）（　　）

☐ ❹ 本来の目的からイツダツして貯金を競馬で使い果たした。（　　）（　　）

☐ ❺ 伝統芸能をケイショウしようとする若者たちが現れた。（　　）（　　）

☐ ❻「神」は人間的現実をチョウエツした絶対的存在だ。（　　）（　　）

☐ ❼ 社長は高価なダイショウを払って今の地位を手に入れた。（　　）（　　）

☐ ❽ 僕の妻ほどスウコウな精神の持ち主はいないと思う。（　　）（　　）気高く偉大なこと

☐ ❾ 斎藤茂吉は正岡子規のケイフに連なる歌人だ。（　　）（　　）つながり

☐ ❿ 暴君の圧政に苦しむ人々は神のケンゲンを待ち望んだ。（　　）（　　）はっきりとあらわれること

☐ ⓫ 象徴派の詩人は言葉のユウギにふけるものだ。（　　）（　　）

☐ ⓬ 地動説を唱えたガリレオはイタン者として排斥された。（　　）（　　）正統とする信仰や信条から外れていること

☐ ⓭ 彼女の一言によって精神的危機からキュウサイされた。（　　）（　　）

☐ ⓮ 経済を発展させた政治家が大衆からグウゾウ化される。（　　）（　　）崇拝や憧れの対象となるもの

■ 読み取り ■

☐ ㊿+1 弟子が師を凌駕した。（　　）
他のものを越えてその上に出ること

☐ 52 無事を知って安堵した。（　　）
安心すること

☐ 53 神に畏怖の念を抱く。（　　）
恐れおののくこと

☐ 54 交渉が円滑に運んだ。（　　）
なめらかなさま

☐ 55 我が世の春を謳歌した。（　　）
恵まれた幸せを大いに喜ぶ

- ⑮ 苦しみのどん底にあったとき突然神のケイジを受けた。（　　）人知を越えたことをあらわししめすこと
- ⑯ 文化やシュウゾクの違いによって挨拶の仕方も異なる。（　　）ある時代や社会のならわし
- ⑰ ムショウの愛を僕に注いでくれたのはあの人だけだった。（　　）[異]無性
- ⑱ 孔子は中国の人々の篤《あつ》いシンコウの対象である。（　　）
- ⑲ 除夜の鐘は百八の煩悩を取り除いて心をジョウカする。（　　）清らかにすること
- ⑳ ソウチョウな音楽が鳴り響くなかでミサがはじまった。（　　）
- ㉑ あの彼女に僕のこの熱い思いが通じたなんてキセキだ。（　　）
- ㉒ 幼なじみの彼と今日、婚礼のギシキを挙げる予定だ。（　　）
- ㉓ リンカーンは民主主義のためにケンシン的に行動した。（　　）
- ㉔ 悪のゴンゲに見える凶悪犯にも子を思う優しい心がある。（　　）その特性が具体的に現れたと思われる人、もの
- ㉕ 聖書は神が人間に最後のシンパンを下すと記している。（　　）
- ㉖ 生命のソンゲンを傷つける行為は何人とて許されない。（　　）気高く威厳があること
- ㉗ 柳田國男はデンショウされた各地の昔話を採集した。（　　）
- ㉘ 「浦島太郎」は世界中にヘンザイする動物報恩譚《たん》の一種だ。（　　）広くゆきわたって存在する　[異]偏在（かたよって存在する）
- ㉙ 学問はケンイとして振る舞い始めたときに堕落する。（　　）他の者を服従させる威力
- ㉚ 「歎異抄」には親鸞《しんらん》の思想のセイズイがこめられている。（　　）物事の一番大切なところ　[外]エッセンス

- ㊻ 彼の驚き方は**大仰**だ。（　　）
  おおげさ
- ㊼ **諧謔**に満ちた粋な会話。（　　）
  おもしろい冗談・おどけ　[外]ユーモア
- ㊽ 敵を**完膚**なきまで叩く。（　　）
  [慣]「完膚なきまで」＝徹底的に
- ㊾ **強靭**な精神力が必要だ。（　　）
  しなやかで強いこと
- ㊿ 相手の**欺瞞**を見抜いた。（　　）
  人の目をごまかし、だますこと

7 ジャンル別重要漢字(1)〈思想〉

□❶ペストはネズミをバイカイにして広まる病気である。（　　）二つの間にあって、なかだちをすること

□❷哲学者は論理のムジュンを鋭く指摘されて赤面した。（　　）つじつまが合わないこと

□❸フヘン的な科学法則はいつでもどこでも成立するものだ。（　　）全てのものに共通する 反特殊 異不変

□❹複雑な事柄もブンセキすると意味がはっきりしてくる。（　　）要素にわけて理解すること 反総合

□❺雨が降ると地面が濡れるというのはダトウな判断である。（　　）適切であること

□❻コンキョの薄弱な論理は誤った結論を導いてしまう。（　　）理由

□❼一般論は現実を無視したチュウショウ論に陥りがちだ。（　　）反具体

□❽正しい帰結を得るには正しいゼンテイが不可欠である。（　　）

□❾論理的に考えれば二重否定の文はコウテイ文になる。（　　）反否定

□❿現代文の先生は文章のコウゾウを鮮やかに説明した。（　　）

□⓫ハトは鳥の一種だから鳥はハトを概念上ホウガンする。（　　）

□⓬論理学では判断を言葉で表したものをメイダイと呼ぶ。（　　）

□⓭確かだと思われるカセツに基づいて理論が構築される。（　　）

□⓮科学のゼッタイ化とは科学を妄信することである。（　　）反相対

■読み取り■

□61 敬虔な祈りをささげる。（　　）
深く敬って態度をつつしむさま

□62 狡猾な手段で人を騙《だま》す。（　　）
わるがしこいこと

□63 忽然と姿をくらました。（　　）
突然

□64 新しく寺院を建立する。（　　）
寺院などを建設すること

□65 彼は強引に事を進めた。（　　）
むりにおし通すこと

- ⑮ ゾクセイという言葉は事物の性質という意味を持つ。（　　）
- ⑯ 遠くを見つめる老猿は深いシサクをしているようだ。（　　）深く考えること
- ⑰ 家族同然のポチは自分が犬であることをカイギしている。（　　）うたがうこと
- ⑱ ドウサツ力の鋭い人は飼い犬の心までも読み取る。（　　）見抜くこと
- ⑲ 両国間の対立の原因は結局領土問題にカンゲンできる。（　　）もとへもどすこと 異換言
- ⑳ コウモリは口から出す超音波で外界をニンシキする。（　　）
- ㉑ 作家は新しい文学の創造をシコウして精進を重ねる。（　　）心が目ざし向かうこと
- ㉒ 駅構内でお国なまりを聞いて故郷をソウキする。（　　）
- ㉓ 動物愛護団体は無意味な動物実験を強くヒハンする。（　　）
- ㉔ 全生物が平和に共存できると考えるのはカンネン的だ。（　　）「カンネン的」＝現実に即さず、頭の中だけで考えるさま
- ㉕ 哲学的なシベンを重ねて宇宙の本質を解明する。（　　）よく考えて物事を認識すること
- ㉖ 真理のタンキュウは人間の使命のひとつである。（　　）物事の本質をさぐりきわめること
- ㉗ 湖の水質を調べるためにサンプルをチュウシュツする。（　　）取りだすこと
- ㉘ 猿と人をヒカクしても区別のつかないときがある。（　　）
- ㉙ 18世紀はケイモウ思想が社会に大きな影響を与えた。（　　）人々を正しい知識に導くこと
- ㉚ 恐竜の絶滅から人類の未来をルイスイするのは不可能だ。（　　）

- ㊱ **些細**な事が気になる。（　　）わずか・とるに足らないこと
- ㊲ **殺戮**が繰り広げられる。（　　）むごたらしく殺すこと
- ㊳ **仔細**な報告書を作る。（　　）こまかなこと
- ㊴ **桎梏**となる厳しい法律。（　　）手かせ足かせ・自由を束縛する
- ㊵ 仏は等しく**衆生**を救う。（　　）生きとし生けるもの ※有情（うじょう）も同じ意味

8 ジャンル別重要漢字(1)〈政経〉

☐❶ 社員全員の努力で会社のギョウセキが急激に上がった。（　　）

☐❷ 課長はときどき部下の昼食のカンジョウを引き受ける。（　　）
計算すること・代金を払うこと

☐❸ 日本の会社はホウシュウ分以上の仕事を社員に求める。（　　）

☐❹ 最近の好景気で長年のルイセキ赤字が減少しつつある。（　　）

☐❺ 新規のケイヤクが取れず今日もまた残業になった。（　　）

☐❻ パソコンの大量導入で仕事のノウリツがアップした。（　　）
一定時間に出来る仕事の割合

☐❼ カヘイは人々の信頼によって流通する。（　　）

☐❽ 二十四時間休みなく働く彼はまさにキギョウ戦士だ。（　　）

☐❾ 全国的な流通キコウを充実させた企業が市場を制する。（　　）

☐❿ 地価のコウトウは不動産関係者をずいぶん儲《もう》けさせた。（　　）
反下落

☐⓫ 商売ハンジョウの鍵は徹底した市場調査と招き猫にある。（　　）

☐⓬ 不良品による事故の損害バイショウは企業負担が当然だ。（　　）

☐⓭ フユウな客層をターゲットにした商品開発が急がれる。（　　）

☐⓮ 客との約束をきちんとリコウするのが営業マンの基本だ。（　　）
実際に行う
同実践・実行

■読み取り■

☐71 彼女は所詮高嶺《たかね》の花だ。（　　）
つまるところ・結局

☐72 師の忠告を反芻する。（　　）
くりかえし考え味わうこと

☐73 苺《いちご》は果物の範疇に入る。（　　）
そのものが属するもっとも基本的な概念の広がり　例カテゴリー

☐74 氾濫した川は危険だ。（　　）
あふれ出ること・多く出まわること

☐75 趣旨を敷衍して述べる。（　　）
おし広めて説明すること

- ⑮ どんな会社でもリジュンの追求が第一の目的である。（　　）
- ⑯ 社会キハンは既存の秩序を保持するために機能する。（　　）
- ⑰ 不正入国を企んだ者たちが身柄をコウソクされた。（　　）
- ⑱ 行き過ぎた検閲は言論の自由をヨクアツする。（　　）
- ⑲ 帝国の繁栄は多数のドレイの犠牲の上に築かれた。（　　）
- ⑳ 新政権はフクシの充実を最優先課題として掲げた。（　　）
- ㉑ 明治イシンは日本の近代化を促進する契機となった。（　　）ものごとが一新すること
- ㉒ 外国の支配からのカイホウを求めて民衆が決起した。（　　）反 束縛　異 開放（あけはなすこと）
- ㉓ 友好国の要人が来日したので交通キセイが行われた。（　　）
- ㉔ 選挙制度のヘンカクは政治家の利害が絡んでいる。（　　）
- ㉕ 密入国者はキョウセイ的に本国へ送還された。（　　）異 矯正
- ㉖ 二国間の小さなコウソウが国際問題に発展した。（　　）
- ㉗ 資本主義社会では労働者は資本家からサクシュされる。（　　）しぼり取ること
- ㉘ 大国にジュウゾクする外交政策が国民の非難を招いた。（　　）
- ㉙ 役所の窓口のカンリョウ的な対応は改善されるべきだ。（　　）
- ㉚ 民主政権は隣国のインボウによって打ち倒された。（　　）

- ㊻ 横暴な態度に辟易する。（　　）
  困りはてること・閉口すること
- ㊼ 友人との約束を反故にする。（　　）
  慣「反故にする」＝無効にする
- ㊽ 厖大な書物を売却する。（　　）
  非常に大きいこと・非常に多いこと
- ㊾ 栄華の影は微塵もない。（　　）
  こまかいちりやほこり・微細なもの
- ㊿ 会社中に噂は流布した。（　　）
  世に広まること・広く知れわたること

9 ジャンル別重要漢字(1)〈社会〉

☐❶航空会社と食品会社がテイケイして新規事業を始める。（　）（　）

☐❷災害復興支援にトクメイで多くの寄付が寄せられた。（　）（　）自分の名前を隠す

☐❸事件を起こした企業のハイセキ運動が起こった。（　）（　）

☐❹自衛隊を海外にハケンするかどうかを国会で議論する。（　）（　）

☐❺社会の秩序を乱すようなイホウ行為をしてはならない。（　）（　）

☐❻資源活用のためゴミの分別収集のフキュウに努める。（　）（　）異不朽

☐❼民族フンソウは前世紀以来の国際問題になっている。（　）（　）

☐❽ショウガイ者を受け入れる社会は幸福な社会である。（　）（　）

☐❾思想家は偏った世論にケイショウを鳴らすのが仕事だ。（　）（　）慣「警鐘を鳴らす」＝危険を予告し注意を促すこと

☐❿現代社会を批判する著書に大いにケイハツされた。（　）（　）無知の人を教え導く

☐⓫環境を汚染した企業が市民団体からコウギを受ける。（　）（　）

☐⓬企業から賄賂を受け取った大臣がコウテツされた。（　）（　）役目や職などについている人がかわる

☐⓭大洪水の後にはエキビョウの発生が懸念される。（　）（　）流行病・伝染病

☐⓮警察が一年間にオウシュウする麻薬は夥《おびただ》しい量になる。（　）（　）

読み取り

☐㉛品物の**多寡**を調べる。（　）
多いか少ないか

☐㉜彼は処世術に**長け**ている。（　）
ある方面にすぐれる

☐㉝敵の**陥穽**にはまる。（　）
人を陥れるはかりごと

☐㉞僧侶が**経文**を唱える。（　）
仏教の経典

☐㉟彼の死に**哀悼**の意を表す。（　）
人の死を悲しむこと

☐ ⓯ 大気のオセンは喘息《ぜんそく》や皮膚病の原因にもなっている。（　　）

☐ ⓰ 環境浄化にキヨした企業が表彰された。（　　）

☐ ⓱ キガに苦しむ国々では医薬品さえ不足している。（　　）

☐ ⓲ 節税の目的だけで福祉事業に寄付するのはギゼンだ。（　　）

☐ ⓳ ギャクタイを受けた子供が児童相談所に保護された。（　　）

☐ ⓴ 意味のない改革はかえってヘイガイを招くことがある。（　　）害となる悪いこと

☐ ㉑ 警察は麻薬犯罪をボクメツするための対策を講じた。（　　）

☐ ㉒ 国家は戦争の被害者にそのホショウをするべきである。（　　）つぐなって埋め合わせること　［異］保証・保障

☐ ㉓ 乱獲された動物がメツボウの危機にさらされている。（　　）

☐ ㉔ 知事は万国博覧会をユウチするために奔走している。（　　）

☐ ㉕ 他国にレイゾクしている国で独立運動の機運が高まる。（　　）支配され従属すること

☐ ㉖ 福祉重視の政策はショミンの圧倒的な支持を集めた。（　　）

☐ ㉗ 何人といえども人権をシンガイすることは許されない。（　　）

☐ ㉘ その協会は科学のシンコウを目的として設立された。（　　）ものごとを盛んにすること

☐ ㉙ この急激な物価の下落をセイギョすることは難しい。（　　）

☐ ㉚ 彼はチョウシュウを前に政権交代の必要性を訴えた。（　　）

☐ ㊶ **生憎**の雨で遠足は中止だ。（　　）
都合や具合が悪いようす

☐ ㊷ 報告書を**捏造**する。（　　）
偽って作ること

☐ ㊸ 故郷に思いを**馳せる**。（　　）
遠くにまで至らせる

☐ ㊹ 旧体制の**残滓**を清算する。（　　）
残りかす

☐ ㊺ **威嚇**された犯人は出頭した。（　　）
おどすこと

チェックテスト B

1 西洋の文物をモホウする。

2 今度の作品はケッサクだ。

3 甘美なセンリツに酔う。

4 河童《かっぱ》はカクウの動物だ。

5 王は自らギセイとなった。

6 本筋からイツダツする。

7 スウコウな精神の持ち主。

8 土壇場《どたんば》でキセキが起こる。

9 蚊が伝染病をバイカイする。

10 哲学的なシサクにふける。

11 神の教えにカイギを抱く。

12 事の本質をドウサツする。

13 大きなギョウセキを残す。

14 商売がハンジョウする。

15 社会のキハンに従う。

16 身柄をコウソクされた。

17 福祉活動を装うギゼン者。

18 大臣がコウテツされた。

19 人権がシンガイされる。

20 万国博覧会をユウチする。

21 事件現場を見て戦慄した。

22 やっと疑惑を払拭できた。

23 攻撃力で相手を凌駕する。

24 強靭な精神力が必要だ。

25 神に敬虔な祈りを捧げる。

26 些細な事が気になる。

27 鯨《くじら》は哺乳類の範疇に属す。

28 町中に変な噂が流布した。

29 彼の死に哀悼の意を表す。

30 報告書を捏造する。

書き取り　/20

読み取り　/10

Coffee break 2　難読漢字

漢字の読みには音や訓といった読み方以外に例外もある。それらは日本独自の語に使われていることが多い。また、少々硬い感じのする文章に使われている言葉には読みも意味もわかりくい熟語がある。
Ａは太字の語が読めるかどうか（読みを後ろにまとめた）
Ｂは同じ文章を言い替えた
漢字の使い方で印象が変わるのを実感してみよう。

Ａ　**勾配**のきつい坂が続くこの**界隈**には、**老舗**の店が軒を並べ、**暖簾**が風に揺れている**長閑**な風景が見られる。

Ｂ　傾斜の角度が大きな急坂が続くこのあたりには、昔から何代も続いた店が軒を並べ、軒先にかかった布が風に揺れている静かで穏やかな風景が見られる。

読み…こうばい・かいわい・しにせ・のれん・のどか

このように漢字を使うことで見た目も聞いた時も印象が異なってくる。政治や法律用語にはわざわざ難しい漢字を使った表現が目につく。

Ａ　識者に**委嘱**し、**諮問**機関を設置し、**施行**された法律が**遵守**されるような**措置**をとる。

Ｂ　分かる人に頼んで、意見を聞く所を作り、実際に行なわれた法律が守られるような解決方法をとる。

読み…いしょく・しもん・しこう・じゅんしゅ・そち

広く分けて配るを「**頒布**」、ためらうを「**逡巡**」、反省するを「**改悛**」、首にするを「**罷免**」、役を入れ変えるを「**更迭**」とすると字数が少なく硬い表現になる。

読み…はんぷ・しゅんじゅん・かいしゅん・ひめん・こうてつ

こうした熟語はたいてい聞いただけではわかりにくいが、中には音ではわかるが漢字になると読めないものもある。芝居の**せりふ**（科白）、喜びも**ひとしお**（一入）、**はつらつ**（溌溂）とした笑顔、**ぼうぜん**（呆然）として見送る、**あくび**（欠伸）をする、**さすが**（流石）に鋭い、などがその部類だろう。

その他、動植物の名前も音と漢字の結びつかない難読漢字がある。**秋桜**（コスモス）、**百日紅**（サルスベリ）、**馬酔木**（アセビ）など、文学的文章で見かけるものであり、ホトトギスは漢字にすると「**時鳥**」「**杜鵑**」「**不如帰**」「**子規**」と表す。正岡子規のホトトギス派は、名前からきているのがわかる。他に石川啄木は「**啄木鳥**」（キツツキ）、森鷗外の「**鷗**」（カモメ）などがある。

読み方が難しい漢字には、同じような意味を持ちながら微妙な違いを持つ熟語がある。たとえば、短い時間を表す言葉については、次のようなものがある。交換できないものがあるのがわかるだろう。

1　**暫時**お待ち下さい。（ざんじ）
2　**須臾**も君のことを忘れない。（しゅゆ）
3　その**刹那**僕には殺意がわいた。（せつな）
4　**咄嗟**に口から嘘が出た。（とっさ）

また、人間の死を表す言葉にも「**最期を迎える**」「**成仏する**」「**逝去された**」「**末期の水を取る**」など場面に応じて使い分け、「**昵懇**」の間柄だった通夜の客が泣く時にも「**嗚咽**」も有れば「**号泣**」、「**慟哭**」する時もある。

読み…さいご・じょうぶつ・せいきょ・まつご・じっこん・おえつ・ごうきゅう・どうこく

漢字の熟語を多く知ることで、表現が豊かになるし、微妙な感覚の差を味わうことができるのである。

ジャンル別重要漢字（2）

10 ジャンル別重要漢字(2)〈生活〉

❶ 皇帝ナポレオンは波瀾《はらん》万丈のショウガイを送った。（　　）

❷ 物理学者になって科学技術の発展にコウケンしたい。（　　）

❸ 競馬の醍醐味《だいごみ》を知った時からダラクの人生が始まった。（　　）

❹ 若者は理想を性急に求めるあまりサクゴに陥りやすい。（　　）

❺ どんな悲惨なキョウグウになろうとも希望は捨てない。（　　）

❻ 大学時代の恩師にアルバイトをショウカイして貰《もら》った。（　　）

❼ キョウラクに耽《ふけ》る日々を送った大学時代が懐かしい。（　　）

❽ 和泉式部《いずみしきぶ》は老いてもなお恋のヘンレキを重ねつづけた。（　　）

❾ 時間をかけて値引きのコウショウをした甲斐《かい》があった。（　　）

❿ 悪天候と険路をコクフクしてついに頂上を征服した。（　　）

⓫ 自分の意見に固執するあまり仲間からコリツした。（　　）

⓬ 強引な取り調べに負けてキョギの陳述をしてしまった。（　　）

⓭ 十年前に故あって別れた妻子のショウソクを知りたい。（　　）事情・様子

⓮ 先生の奥さんはヨウボウからして優しそうな人だ。（　　）顔かたち・顔つき

読み取り

91 偏見は事実を歪曲する。（　　）
ゆがめて伝える

92 官吏は罪を金で購った。（　　）
買い求める・つぐなう

93 人は諦めずに夢を追う。（　　）
思い切る・断念する

94 変装で人の目を欺いた。（　　）
だます・まどわす

95 全国行脚の修行をする。（　　）
一般の人あるいは僧が、徒歩で諸国をめぐること

☑ ⑮ 会合を重ねてメンバーの意思のソツウをはかった。（　　）とどこおりなく通じること
☑ ⑯ 待望の新横綱が五年ぶりにタンジョウした。（　　）
☑ ⑰ 結核の治療法の確立については彼のコウセキが大きい。（　　）
☑ ⑱ サクイの跡が見えすぎるのが彼の作品の欠点だ。（　　）
☑ ⑲ 結婚式に初恋の人をショウタイするのは気が引ける。（　　）
☑ ⑳ 強引すぎる会社のやり方はヒナンされて当然だ。（　　）
☑ ㉑ 減税のオンケイにあずかって自動車を買い替えた。（　　）
☑ ㉒ 学園紛争のカチュウにあって彼は恋愛どころではない。（　　）
☑ ㉓ 彼がこの騒動に深くカンヨしていることは間違いない。（　　）
☑ ㉔ クラブ活動がキエンとなって彼女との交際が始まった。（　　）きっかけ
☑ ㉕ 甘い言葉を信じたためにサギにひっかかってしまった。（　　）
☑ ㉖ 何事にもひたむきな彼のシセイは見習う必要がある。（　　）
☑ ㉗ 野鳥の観察と天体観測と映画の鑑賞が僕のシュミだ。（　　）
☑ ㉘ 彼はセイケツな人柄を見込まれて委員長に推された。（　　）
☑ ㉙ 苦境に耐えることが精神のセイジュクにつながる。（　　）
☑ ㉚ 新型兵器の開発は周辺国に大きなキョウイを与えた。（　　）おびやかすこと　異 驚異

☑ ㊻ 余生は**安穏**に暮したい。（　　）安らかにおだやかなさま
☑ ㊼ 鵺《ぬえ》は**異形**な怪物だ。（　　）普通とはちがった形・怪しい姿
☑ ㊽ **徒**に一生を送るな。（　　）役に立たぬこと・むなしいさま
☑ ㊾ **一抹**の不安がよぎる。（　　）いくらか・多少
☑ ㊿ 部屋に**彩り**を添える絵。（　　）彩色・趣や華やかさを付け加えること、もの

11 ジャンル別重要漢字(2)〈思考〉

❶ 友達から自分の主張の論理的な問題をシテキされ赤面した。（　　）
❷ 彼は学校の歴史の中で最も人々のキオクに残る生徒だ。（　　）
❸ 友達の正義感の強い性格をコリョして会長に推薦する。（　　）考えに入れて気づかうこと
❹ 板前は最高の料理を客に出すために材料をギンミした。（　　）詳しく念入りに調べること
❺ 互いのイトすることが理解できず不仲になった。（　　）
❻ 彼は試験期間だというのにゲームにボットウしている。（　　）
❼ 教授は各々の学生の能力をコウリョして課題を出す。（　　）
❽ 往時を懐かしそうにカイコする老人の話に聞き入った。（　　）過去を思い返すこと
❾ その学者は社会情勢と経済の動向をジュクチしている。（　　）
❿ 退屈な授業の時間はモウソウに耽《ふけ》る生徒もいる。（　　）
⓫ 難民救済を呼びかける彼の意見にキョウメイした。（　　）深く同意すること
⓬ 好きな女の子にムシされるとズキリと心が痛む。（　　）
⓭ 哲学書を読みながら精神解放の方途をモサクする。（　　）手さぐりで探すこと
⓮ スマホで駅とコンビニの場所をカクニンした。（　　）

読み取り

101 社長は事件を隠蔽した。（　　）人または物のあり方をかくしおおうこと
102 有情のものを慈《いつく》しむ。（　　）愛憎の心があること・生きとし生けるもの
103 人生の懊悩を告白する。（　　）なやみ苦しむこと
104 委員に推されて喜ぶ。（　　）推薦する・おしはかる
105 夥しい数の翻訳をする。（　　）はなはだ多い

⑮ 証拠品が発見されて彼に対するギネンは一掃された。（　　）

⑯ 人生は九割のコウカイと一割の満足で成り立っている。（　　）

⑰ 一休禅師が清廉潔白な人だというのは全くのゴカイだ。（　　）

⑱ 学生の就職状況は学校がすべてショウアクしている。（　　）

⑲ 生徒会は署名を集め学校側に要求をショウニンさせた。（　　）

⑳ 妥協することもネントウに置いて人と交渉するべきだ。（　　）

㉑ 演奏会での彼女の姿がノウリに焼き付いて離れない。（　　）
頭の中・心の中

㉒ 先生からの注意は生徒から完全にモクサツされた。（　　）
無視すること

㉓ 我々は公共料金の値上げに対し断固イギを唱える。（　　）
他人と異なる議論や意見

㉔ 彼の満点の答案はさまざまなオクソクを呼んだ。（　　）

㉕ 自分の力をカシンしていると思わぬ失敗をする。（　　）

㉖ 自由をキキュウしなくなった時に青春は終わる。（　　）
願いもとめること

㉗ 学生たちは退官する教授の最終講義をケイチョウした。（　　）
真剣に聞くこと

㉘ このままで行くと僕は留年するとスイソクされる。（　　）

㉙ 日々の勉強をトウカン視すると試験には通らない。（　　）
注意を払わないこと・なおざり

㉚ 漢字の学習が退屈だというのはヘンコウした考え方だ。（　　）
かたよっていること

---

106 神の**恩寵**を求めて祈る。（　　）
めぐみ・いつくしみ

107 昔の恋人と**邂逅**した。（　　）
思いがけなく出会うこと

108 タコが足に**絡**みついた。（　　）
まといつく

109 **緩慢**な足取りで歩く。（　　）
ゆるやかなこと・のろいこと

110 妻の病気を**危惧**する。（　　）
悪い結果を心配すること

12 ジャンル別重要漢字(2)〈心理1〉

- ❶ 豊太郎は異国でもキョウシュウを感じる暇はなかった。（　）ふるさとを懐かしく思う気持ち
- ❷ 豊太郎は自分の考え方のヘンキョウさに気が付いた。（　）心のせまいこと
- ❸ 彼にとって自己の変革はシンコクな問題だ。（　）
- ❹ エリスは学識のある豊太郎にケイトウしていた。（　）人や物事に心をかたむけて熱中すること
- ❺ 豊太郎はカレンなエリスを徐々に愛し始めた。（　）いじらしく、かわいいこと
- ❻ 彼は免官されてタイダな生活に陥りそうになった。（　）
- ❼ 帰国を勧める友人の申し出に豊太郎はドウヨウした。（　）
- ❽ 愛し合う二人にはザンコクな別れが待っていた。（　）
- ❾ エリスは彼の帰国を知り悲感しクノウに身を苛《さいな》まれた。（　）
- ❿ 悲しむエリスの姿を見て豊太郎はコンワクした。（　）
- ⓫ 彼女は彼の心変わりをビンカンに感じ取ったのだろう。（　）
- ⓬ エリスにミレンを残しながらも豊太郎は帰国した。（　）
- ⓭ 浮世の悲しみを知ってムジャキな自分ではなくなった。（　）
- ⓮ 官僚社会に戻った彼の選択はケンメイだったのか。（　）異 懸命

■読み取り■

- 111 睦月の次は如月だ。（　）旧暦の二月
- 112 犬は嗅覚が鋭い動物だ。（　）においの感覚
- 113 裏で反乱を教唆する。（　）おだててそそのかすこと
- 114 仏の功徳にあやかる。（　）世のため人のためにする善い行い・神仏のめぐみ
- 115 金の工面に苦労する。（　）あれこれやりくりすること

□ ⑮ 私は鎌倉で先生と出会い深いカンメイを受けた。（　　）
□ ⑯ 先生を知るうちに人生のキビを感じるようになった。（　　）表に現れない細かな心の働きや事物の趣
□ ⑰ ボンヨウな私はいつか先生の全てを知りたいと思った。（　　）
□ ⑱ 先生の遺書を読み先生の死の重みをカントクした。（　　）何かのきっかけで大切なことを悟ること
□ ⑲ 先生は人との交わりをケイエンして生きていた。（　　）
□ ⑳ 若き日に下宿先のお嬢さんに抱いたシンケンな恋心。（　　）
□ ㉑ Ｋとお嬢さんの親しさに先生はガマンができなかった。（　　）
□ ㉒ 友人のＫは学業優秀でジフ心の強い男だった。（　　）自分に自信や誇りをもつこと
□ ㉓ 恋の成就のためならば人は友にさえレイタンになる。（　　）
□ ㉔ Ｋにエンリョしながらも先生は陰で結婚話を進めた。（　　）
□ ㉕ ガンコなＫは先生に黙ってある夜姿を消した。（　　）
□ ㉖ 自分のケイソツな行為が友人のＫを苦しめたのだ。（　　）反 慎重　異 軽卒
□ ㉗ 結婚後も先生はＫが突然姿を消したことにコウデイした。（　　）こだわること
□ ㉘ 奥さんはそんな先生にシンボウしてついていった。（　　）じっと我慢する
□ ㉙ 遠くに行くことでクジュウの日々に終止符を打つ。（　　）
□ ㉚ 私がシンスイする先生にはこんな暗い過去があった。（　　）人を心から慕い敬うこと

□ ⑯ 軍がクーデターを企てる。（　　）
計画を立てる

□ ⑰ 法律が形骸化する。（　　）
内容のない外形だけのもの・からだ・骨組み

□ ⑱ 妻が夫を軽蔑する。（　　）
見下げること

□ ⑲ 滝沢馬琴《ばきん》は戯作を書いた。（　　）
たわむれに作った文章・江戸時代の通俗的な読み物

□ ⑳ 格子戸を開いて入る。（　　）
建具の一種・その模様の一種

13 ジャンル別重要漢字(2)〈心理2〉

□❶ 下人《げにん》は生きるためにカクゴを決めねばならなかった。（　　）
□❷ 餓死か盗人かの選択にはシンチョウな判断が必要だ。（　　）反軽率
□❸ 下人は荒廃した京の都を見ながらカンガイに耽《ふけ》った。（　　）しみじみと思いにひたること
□❹ 彼は門の上の異様な気配をエイビンに感じ取った。（　　）
□❺ コウキシンに促されて下人は門の上に登って行った。（　　）
□❻ 死人の髪の毛を抜く人の影に下人はキョウフを感じた。（　　）
□❼ 老婆とわかるとその行為の理由をソッチョクに尋ねた。（　　）
□❽ 下人は老婆の話にキョウミ深げに聞き入った。（　　）
□❾ 悪人だからよいという老婆の論理はヨウチであった。（　　）
□❿ 悩んでいた下人にとって老婆の話はキタイ外れだった。（　　）
□⓫ 老婆の話を聞くうちに下人はダイタンになっていった。（　　）
□⓬ 下人の勇気は悪にカンゼンと立ち向かう勇気とは別だ。（　　）思い切って物事を行うさま
□⓭ 彼の心からは老婆をケイカイする気持ちが消えていた。（　　）
□⓮ マンゼンと生きていた彼は闇の中へと消えて行った。（　　）とりとめのないさま

■読み取り■

□121 二人の間に軋轢が生じる。（　　）
仲が悪くなること・不和

□122 骨董品を収集する。（　　）
小道具・古美術品

□123 祝詞《のりと》は神に祈る詞だ。（　　）
表現・言葉のこと

□124 家に籠もって小説を書く。（　　）
隠れてあらわれない

□125 雅俗の混淆した文章。（　　）
いりまじること
※混交とも書く

- ⑮ 三女の雪子はケンキョというより内気な女性だ。（　　）
- ⑯ 四人姉妹には皆少なからずケッペキな性格が見られる。（　　）
- ⑰ 見合い相手は美しい雪子を見るとコウフンした。（　　）
- ⑱ 四女の妙子が作る人形には誰もがキョウタンした。（　　）
- ⑲ 近代的な妙子はダセイで結婚しようとはしなかった。（　　）
- ⑳ 妹二人は本家での生活がキュウクツでならなかった。（　　）
- ㉑ 適齢期を過ぎた雪子の縁談がセイキュウに進められた。（　　）せっかちなこと
- ㉒ ニンタイ強い雪子は病人の看護にうってつけの人物だ。（　　）
- ㉓ 破談が続いても雪子は少しもヒクツにはならなかった。（　　）
- ㉔ 妙子は身分違いでソヤな男と恋愛事件を起こした。（　　）
- ㉕ ホンポウな妙子に家族も男たちも振り回されていた。（　　）
- ㉖ バーテンダーと付き合う妙子に周囲はゲンメツした。（　　）
- ㉗ 妊娠していることさえも妙子はクッタクなく打ち明けた。（　　）慣「クッタク（が）ない」＝失敗などを気にかけない
- ㉘ 妙子に対する男たちのシュウネンは強かった。（　　）
- ㉙ 子爵の二男と雪子の縁談が纏《まと》まり周囲はカンキした。（　　）
- ㉚ 妹達はシボし続けた二女幸子のもとを巣立って行った。（　　）恋しくおもうこと

- ⑫⑥ 混沌とした世界情勢。（　　）ものごとがいりまじって、見分けのつかないこと
- ⑫⑦ 遺体に対面し号泣した。（　　）大声をあげて泣くこと
- ⑫⑧ 剣術の極意を会得した。（　　）学問や芸事の奥義・秘訣
- ⑫⑨ 様々な誤謬を含む論文。（　　）あやまり
- ⑬⓪ 彼は猜疑心の固まりだ。（　　）そねみうたがうこと

14 ジャンル別重要漢字(2)〈動作〉

- ❶ 最下位のチームは優秀な選手のカクトクに必死だ。（　）
- ❷ 政見放送をして政策に対する国民の意識をカンキする。（　）よびおこすこと
- ❸ 遅刻を責める先生のヨウシャない攻撃に彼は閉口した。（　）
- ❹ 軍隊の侵入に対して市民は投石でテイコウを続けた。（　）
- ❺ ユウワクに負けて一生を棒に振る人もいる。（　）
- ❻ 勝利の女神がビショウした瞬間にホームランが出た。（　）
- ❼ 首相は経済の専門家に政治へのサンヨを求めた。（　）物事にかかわり合うこと
- ❽ 法案は通らず国会での大臣の弁論はトロウに終わった。（　）無駄な労苦
- ❾ 第三国の仲介によって開戦の危機がカイヒされた。（　）
- ❿ 彼は単身赴任をキョゼツしたために左遷された。（　）
- ⓫ 球団の不振の責任は上層部にゲイゴウした監督にある。（　）自分の考えを曲げても人に気に入られようとすること
- ⓬ 軍事力をコジする国家は諸外国から警戒される。（　）誇らかにしめすこと
- ⓭ 悲惨な現実をカンジュするだけでは進歩は望めない。（　）仕方なく受け入れること
- ⓮ 無断外泊した夫はケンメイに我が身の潔白を主張した。（　）異 賢明

■読み取り■

- 131 サケは川を遡る。（　）
  過去または根本にもどる
- 132 常住座臥を茶に生きる。（　）
  すわることと寝ること・日常生活
- 133 静かに思惟にふける。（　）
  心に深く考え思うこと
- 134 繁栄した文明の終焉。（　）
  物事の終わり・死に臨むこと
- 135 コインの蒐集が趣味だ。（　）
  いろいろと取り集めること

- ⑮ 借金の返済をサイソクしに行き借金を申し込まれた。（　　）
- ⑯ 水曜日の定時退社をショウレイする会社が増えている。（　　）
- ⑰ 外国人選手は環境にジュンノウできるかが課題だ。（　　）
- ⑱ 会話の中での突然のチンモクは相手に不安感を与える。（　　）
- ⑲ 経営者は会社の厳しい現実からトウヒしてはならない。（　　）
- ⑳ 夫は妻のテイジした小遣いの少なさに愕然《がくぜん》とした。（　　）
- ㉑ 選挙公約は破られてもけっしてテッカイされないものだ。（　　）
- ㉒ バーの領収書を前に夫は苦しいベンカイを続けた。（　　）
- ㉓ 朝の目覚めはその日の運の良し悪しをアンジする。（　　）それとなく知らせること
- ㉔ 地元チームの選手たちは応援団のカンゲイを受けた。（　　）
- ㉕ 私の学校では常に先生のカンシの目が光っている。（　　）
- ㉖ 部下の横着な態度が上司のキョヨウ範囲を越えた。（　　）
- ㉗ 不動の長期政権をジュリツすることは至難の業だ。（　　）
- ㉘ 夫はいつもソッセンして近所の清掃をしている。（　　）
- ㉙ 予備校では受験生の合格状況をツイセキ調査している。（　　）
- ㉚ 社会的地位を理由に自らをヒゲすることはない。（　　）へりくだること

- ⑬⑥ 古い資料を**渉猟**する。（　　）
  多くの書物などを読みあさること
- ⑬⑦ 客に出せる**代物**でない。（　　）
  商品・ある評価の対象となる人や物
- ⑬⑧ 性の**深淵**を描く作品。（　　）
  ふかいふち・奥深いこと
- ⑬⑨ 彼の思想の**深奥**に迫る。（　　）
  奥深いこと
- ⑭⓪ **箴言**を座右の銘とする。（　　）
  戒めとなる言葉

チェックテスト C

1 政治家の腐敗とダラク。

2 若者はサクゴに陥った。

3 値引きをコウショウする。

4 相手の事情をコリョする。

5 料理の材料をギンミする。

6 人生はコウカイの連続だ。

7 タイダな生活を反省する。

8 深いカンメイを受けた本。

9 ケイソツな行為を悔やむ。

10 シンチョウに判断する。

11 しばしカンガイにふける。

12 敵の動きをケイカイした。

13 彼女はダイタンになった。

14 祖母はいつもケンキョだ。

15 妻はクッタクなく笑った。

16 優秀な選手をカクトクする。

17 皆の注意をカンキする。

18 投石でテイコウする民衆。

19 弁論はトロウに終わった。

20 会話中のチンモクは怖い。

21 事実を歪曲して伝える。

22 余生は安穏に暮そう。

23 人生の懊悩を告白する。

24 夫は妻の病状を危惧した。

25 犯罪を教唆した者がいる。

26 仏の功徳にあずかる。

27 滝沢馬琴は戯作を書いた。

28 混沌とした世界に生きる。

29 近代文明の終焉が近づく。

30 性の深淵を描く文学作品。

書き取り ／20

読み取り ／10

coffee break 3 漢字の基礎知識

漢字の構成

漢字は、字形・字音・字義の三つの要素から成る。後漢の学者、許慎は、各漢字を研究分析して『説文解字《せつもんかいじ》』を著し、漢字を六種に分類した。これを六書《りくしょ》という。六書のうち、象形・指事・会意・形声と呼ばれるものは漢字の成り立ちと構造を説明したものであり、転注と仮借《かしゃ》とは漢字を運用する原理について述べたものである。詳しくは次の通りである。

造字法				運用法	
基本		組み合わせ		発展	
象形	指事	会意	形声	転注	仮借
事物の形を描いて簡略化した絵文字。	象形文字に点や線を加えたりして物事の関係を指し示し、抽象的な事柄を表したもの。	象形文字や指事文字を組み合わせて、より複雑な意味や事柄を表したもの。	形（意味）を表す部分と、声（発音）を表す部分とを組み合わせたもの。	その文字の持っている意味と関連のある別の意味に転用したもの。	ある言葉を書き表す漢字がない場合に、発音が類似した既成の漢字を借用したもの。
⊙→日　→月　→山　→目	→上　→下　→本　→末	人＋言→信　手＋斤→折	氵（水）＋可（カ）→河　艹（草）＋采（サイ）→菜	悪＝わるい→にくむ　楽＝楽《がく》（音楽）→楽《ラク》（楽しい）	「弋《カ》」（ほこ）を表す象形文字の「我《ガ》」の音を借りて「われ」の意に用いる。

熟語の構成

熟語とは、二字以上の漢字が結びついてひとまとまりで用いられる語である。熟語の意味は、その構造を考えることによって明らかになる場合が多い。その構造の主要なものは次の通りである。

① 主語・述語の関係―（地震・日没）

② 修飾語・被修飾語の関係
(1) 名詞と名詞―（水門・辞書）
(2) 動詞と名詞―（愛人・怒濤）
(3) 形容詞と名詞―（美人・高山）
(4) 名詞と動詞―（毒殺・菜食）
(5) 副詞と動詞―（予知・必須）
(6) 副詞と形容詞―（最大・猛暑）

③ 並列の関係
(1) 意味の類似した字の並列―（身体・生活）
(2) 同じ範囲に入る字の並列―（見聞・仁義）
(3) 意味の対立する字の並列―（善悪・愛憎）

④ 述語・目的語（補語）の関係―（読書・注意・即位・乗車）

熟語の構造の基本となるのは以上のものであるが、この他に次のようなものもある。

⑤ 特殊な関係
(1) 否定の字が上に付いて下の語の意味を否定する―（不安・非常・未満）
(2) 上に「所」「被」が付いて下の字の働きを受ける―（所持・被害）
(3) 下に「的」が付いて修飾語となる―（性的・知的・病的）
(4) 下に「子」が付いて物や事柄などを表す―（様子・菓子）
(5) 下に特定の助字が付いて状態を表す―（偶然・断乎・突如）
(6) 下に「否」が付いて「―か―でないか」の意を表す―（適否・安否）
(7) 同じ字を重ねて動作や状態をはっきりさせる―（往往・淡淡）
(8) 同じ子音で始まる漢字を重ねて状態を表す（双声語）―（恍惚《こうこつ》・髣髴《ほうふつ》）
(9) 同じ韻をもつ漢字を重ねて状態を表す（畳韻語）―（混沌《こんとん》・徘徊《はいかい》）
(10) 故事や古人の言葉などに基づく―（矛盾・知命）
(11) 外来語の発音を漢字で表す―（鴉片《あへん》・葡萄《ぶどう》）

ジャンルを超えた必須漢字

15 ジャンルを超えた必須漢字〈超ジャンルA1〉

❶弟は朝顔の成長カテイを観察して克明に記録した。（　　）
❷航空機は他国のリョウイキを侵犯して警告をうけた。（　　）
❸飾り気のない人柄が彼女の最大のミリョクである。（　　）
❹大臣は官僚にカンキョウ問題の検討を指示した。（　　）
❺二国間の貿易収支のキンコウが崩れて問題となった。（　　）
❻証明写真では顔のリンカクの修整くらいは常識だ。（　　）
❼グウゼンを装い近づいた男の真意を女は見抜いていた。（　　）
❽男性のヨユウのある態度にひかれる女性もいる。（　　）
❾この小説はボウトウから奇妙な雰囲気を湛《たた》えている。（　　）
❿修行していた僧はドブに落ちたシュンカンに悟った。（　　）
⓫貿易マサツが両国の関係を著しく悪化させた。（　　）
⓬自動車会社はケッカンのある車をすべて回収した。（　　）
⓭犯人は動かぬショウコをつきつけられて観念した。（　　）
⓮睡眠薬のコウヨウはすみやかに眠りにつけることだ。（　　）
ききめ・効能

■読み取り■

141 真摯な態度で受験する。（　　）
まじめでひたむきなさま

142 感興を惹起させる音楽。（　　）
ひきおこすこと

143 魔女の呪縛から逃れた。（　　）
心理的な圧迫によって、心の自由を失わせること

144 呪文を唱えて空を飛ぶ。（　　）
まじないの言葉

145 水稲栽培を行う。（　　）
水田でつくる稲

⑮ 彼は彼女に恋人がいると聞いてショウゲキを受けた。（　）
⑯ 警察は犯罪が多発するジタイを重視し調査を開始した。（　）
⑰ この問題集のトクチョウは優れた編集方針にある。（　）
⑱ 神社のユライを書いた案内板の文章は意味不明だった。（　）いわれ・来歴
⑲ 学問のキソは既存の知識体系の修得にある。（　）
⑳ 若い頃の留学は外国語を習得する絶好のキカイだ。（　）
㉑ 大学は合否判定のキジュンを明確に提示すべきだ。（　）
㉒ こじれた領土問題は両国の譲歩によってキケツした。（　）結論や結果
㉓ 学習コウカが表れないのは方法に問題があるからだ。（　）
㉔ 国家は経済的なキバンが破綻した時に滅亡する。（　）
㉕ 反対者の意見によって彼の考えはコンテイから覆《くつがえ》された。（　）
㉖ 彼の作品のキチョウには事実を重視する姿勢がある。（　）根底にある考え方
㉗ 試験ハンイを無視して問題を出した教師は嫌われた。（　）
㉘ 夫婦は破局のキキを乗り越えてついに幸せになった。（　）
㉙ 彼のシンプクの激しい性格が周囲の反発を生んだ。（　）
㉚ その事件のハイケイには長年の政治的対立があった。（　）

---

146 **厨子**に入った巻物。（　）
物を入れる両とびらの戸棚

147 **凄絶**な弱肉強食の世界。（　）
すさまじいこと

148 **截然**としていた力の差。（　）
区別がはっきりしているさま

149 流行の**尖端**を行く服装。（　）
物事の先頭・先駆

150 機密事項に**携**わる仕事。（　）
関係する・従事する

15 ジャンルを超えた必須漢字〈超ジャンルA2〉

❶ 英雄は凡人の予想を超えたシゲキ的な行動を好む。（　　）

❷ キンチョウした男は右手と右足を同時に出して歩いた。（　　）
反 弛緩《しかん》

❸ 好成績をイジするためには努力と忍耐が必要だ。（　　）

❹ 宮大工は高度の技法をクシして社《やしろ》を造営した。（　　）
自由自在に使いこなすこと

❺ 天才と言われた作家が才能をハッキする前に死んだ。（　　）

❻ テッテイ的な指導を標榜した専門学校が人気を博した。（　　）

❼ 高額な遺産相続の権利をホウキする人はまれだ。（　　）

❽ キノウよりデザインを重視した車の方がよく売れる。（　　）

❾ 爆撃のためその都市の大部分の家屋がホウカイした。（　　）

❿ 勉強のし過ぎで思考力がケツジョすることもある。（　　）

⓫ 明治時代には国家のヨウセイに応えた人物が多かった。（　　）

⓬ 内閣の解散は法律によってキテイされている。（　　）

⓭ ストレスがチクセキして胃潰瘍になる小学生もいる。（　　）

⓮ 世界的にみても『源氏物語』にヒッテキする作品は少ない。（　　）
同程度であること

読み取り

151 経緯を辿って検証する。（　　）
ある筋に沿って進む

152 懐石料理を堪能する。（　　）
満ち足りる

153 議員を弾劾する裁判。（　　）
罪をあばきたてて攻撃する

154 敵は我々を嘲弄した。（　　）
あざけりからかう

155 簡明直截的な物言い。（　　）
まわりくどくないこと

- ☐ 15 才能のコカツした小説家が大学で文学を教えている。（　　）
- ☐ 16 都市化が進み伝統文化がショウメツしつつある。（　　）
- ☐ 17 彼は日常性にマイボツして夢を見失っている。（　　）うずもれて見えなくなること
- ☐ 18 女性のミワク的な表情を見てうっとりする男もいる。（　　）
- ☐ 19 混乱した政局で彼は事態のスイイを冷静に見つめた。（　　）
- ☐ 20 ソクバクされることに愛を感じる男性もいるらしい。（　　）
- ☐ 21 安易にダキョウすることは決して得策ではない。（　　）
- ☐ 22 新人は既存の作風からダッキャクした小説を書いた。（　　）
- ☐ 23 多くの困難を乗り越えて目的地にトウタツする。（　　）
- ☐ 24 裁判官は過去の判例にイキョして判決を下すものだ。（　　）よりどころとすること
- ☐ 25 会議は様々な意見がコウサクして結論が出なかった。（　　）
- ☐ 26 哲学者たちは完全な思想体系をコウチクしようとした。（　　）
- ☐ 27 故郷のあまりにコウハイした風景を見て無常を感じた。（　　）
- ☐ 28 バイクとのセッショク事故でけがをした。（　　）
- ☐ 29 退屈な話題をテイキョウした男は周りから無視された。（　　）
- ☐ 30 結論を急ぐあまり彼の論理はヒヤクしがちである。（　　）

- ☐ 156 彼女は知識に**貪欲**だ。（　　）
  非常に欲の深いこと
- ☐ 157 三**乃至**四カ月の入院。（　　）
  または
- ☐ 158 **雪崩**で村が全滅した。（　　）
  雪が大量に崩れ落ちること
- ☐ 159 大雪に彼は**難渋**した。（　　）
  物事がはかどらず苦しむ
- ☐ 160 命令に**背馳**した兵士。（　　）
  そむくこと

16 ジャンルを超えた必須漢字〈超ジャンルB1〉

- ❶ 長くヘイサされていた門が開かれて人々が喜んだ。（　　）
- ❷ 二つの形式をユウゴウして文芸の新ジャンルを作る。（　　）
- ❸ 会社の都合で社員は遠方への異動をヨギなくされた。（　　）慣「ヨギない」＝やむを得ない
- ❹ 内部対立がロテイして人々から嫌われた球団があった。（　　）あからさまになること
- ❺ 指定伝染病にかかった患者は病院にカクリされる。（　　）
- ❻ 内容のギョウシュクされた密度の濃い文章を書く。（　　）
- ❼ 表現が過激な作品を雑誌にケイサイする。（　　）
- ❽ 市内をジュンカンするバスに乗って暇をつぶす。（　　）
- ❾ フハイした政治を浄化するために青年が立ち上がった。（　　）
- ❿ 二つのチームにはアットウ的な力の差があった。（　　）
- ⓫ 大臣の発言が経済にエイキョウを及ぼすこともある。（　　）
- ⓬ 会社の規模をカクチョウするために工場を建てる。（　　）
- ⓭ 思索にチンセンした男は電話の音に気がつかなかった。（　　）物事に深く没頭すること
- ⓮ 急激な円の高騰のために日本の経済がテイタイした。（　　）

読み取り

- 161 愛を育む相手がいた。（　　）大切に養い育てる
- 162 恋愛は心弾む体験だ。（　　）勢いよくはね返る
- 163 かなわぬ恋に煩悶する。（　　）思い悩み苦しむ
- 164 畢竟受験は無意味だ。（　　）結局
- 165 軍が王に反旗を翻す。（　　）ひらりと軽く裏返す

□ ⑮ 政府は方針をテンカンして増税することにした。（　　）
□ ⑯ 駅前に自転車をホウチしておいたら撤去された。（　　）
□ ⑰ 社会の状況が新しい犯罪をユウハツすることもある。（　　）ある出来事が原因となって他の事を引き起こすこと
□ ⑱ その政党はいつも現実からユウリした政策を主張する。（　　）
□ ⑲ 彼の離婚には複雑な事情がカイザイしていた。（　　）間にはさまっていること
□ ⑳ エコロジストは文明社会とカクゼツした生活を求める。（　　）
□ ㉑ さまざまな素材をコンゴウして新薬を開発する。（　　）
□ ㉒ 列車が逆走しはじめたので乗客たちはコンランした。（　　）
□ ㉓ 失敗の噂は次々にゾウフクされて伝わるものだ。（　　）物事の程度を大きくすること
□ ㉔ 彼のノロケにタイショするには無視するのが効果的だ。（　　）
□ ㉕ 将棋の名人にチョウセンして勝った小学生がいた。（　　）
□ ㉖ 横綱をハイシュツする相撲部屋には入門者が集まる。（　　）人材を多く送り出すこと
□ ㉗ 父がフニンした北国の村の景色は美しかった。（　　）
□ ㉘ 十年振りに訪れた街は非常にヘンヨウしていた。（　　）
□ ㉙ 日本の建築は伝統的に自然とのユウワを基調としている。（　　）
□ ㉚ 十年後の経済をヨソクすることは困難だ。（　　）

□ ⑯⑥ 一世を風靡した歌手。（　　）
なびき従わせること

□ ⑯⑦ 僕はずっと懐が寒い。（　　）
慣「懐が寒い」＝所持金が少ない

□ ⑯⑧ 天が人権を賦与する。（　　）
分け与える

□ ⑯⑨ 手の施しようもない。（　　）
効果などを期待してある物事を行う・恵み与える

□ ⑰⓪ 茫然とたたずむ医師。（　　）
ぼんやりとしたさま

16 ジャンルを超えた必須漢字〈超ジャンルB2〉

□❶ 科学者は事故の原因をタキにわたって調査した。（　　）
慣「タキにわたる」＝物事が様々な方面に分かれること

□❷ カンダンなく雨が降り続ける季節を好きな人もいる。（　　）
慣「カンダンなく」＝絶えまなく

□❸ 政治家の汚職の例はマイキョに暇《いとま》がない。（　　）
慣「マイキョに暇《いとま》がない」＝多すぎて数えきれない

□❹ チベットの山奥で原始仏教はメイミャクを保っていた。（　　）
慣「メイミャクを保つ」＝生きながらえている

□❺ 戦争への傾斜は軍部の台頭とキを一にする。（　　）
慣「キを一にする」＝立場や方向を同じくする

□❻ 彼が犯罪を犯したことに疑問のヨチはない。（　　）

□❼ 学問は遊びだと言ってもカゴンではない。（　　）
度を超した言葉・言いすぎ

□❽ 愛情が憎悪に変わることはオウオウにしてある。（　　）

□❾ 妻のサイゲンのない要求に応じきれずに夫は家を出た。（　　）
物事の限界・はて・おわり

□❿ 勤勉が幸福を保証するとはイチガイには言えない。（　　）

□⓫ 大学に入っても授業はイゼンとして面白くない。（　　）

□⓬ バクゼンと考えても良いアイディアは生まれない。（　　）
ぼんやりとしてまとまりのないさま

□⓭ 教育のイッカンとしてコンピュータを導入する。（　　）
つながりをもつ全体の一部
異 一貫

□⓮ 教師は一目見て生徒の弱点をタンテキに指摘した。（　　）

■読み取り■

□171 茫漠たる砂漠を歩く。（　　）
広々としてとりとめのないさま

□172 人間の百八つの煩悩。（　　）
心をかき乱す一切の欲望

□173 もの真似も芸の一つ。（　　）
模倣

□174 熊に出会うのは稀だ。（　　）
めったにないこと

□175 超能力は科学の埒外だ。（　　）
範囲外

☐ ⓯ スリの逮捕をセンモンにする刑事が財布を盗まれた。（　　）

☐ ⓰ 毎日フダンに勉強することが成績の向上をもたらす。（　　）異普段

☐ ⓱ 恋人たちはヒンパンにかけた通信料金を見て驚いた。（　　）

☐ ⓲ 火のついた煙草をムゾウサに捨てた男を女は睨《にら》んだ。（　　）たやすいこと・容易なこと

☐ ⓳ イゲンに満ちた態度で説教を続ける僧侶が放屁《ほうひ》した。（　　）厳《おごそ》かでいかめしいこと

☐ ⓴ 探偵は依頼人にその妻の行動をコクメイに報告した。（　　）詳細に

☐ ㉑ 呪文を唱えた忍者はイッシュンにして消えた。（　　）

☐ ㉒ この問題集はケッコウ良くできている。（　　）

☐ ㉓ ズイショに工夫がみられる参考書を購入するべきだ。（　　）いたるところ

☐ ㉔ 役人がそのユウイ的地位を利用して私服をこやす。（　　）

☐ ㉕ 昔ながらのリュウギで簡素な生活をすると健康にいい。（　　）

☐ ㉖ 作品のキテイにある安易な人道主義が不評の原因だ。（　　）異規定

☐ ㉗ 人権問題が両国の外交関係のショウヘキとなっている。（　　）

☐ ㉘ 銀行員が客に機械の操作方法をチクジ説明する。（　　）順を追って行われるさま

☐ ㉙ 事件のホッタンは知事が賄賂《わいろ》を要求したことだった。（　　）はじまり

☐ ㉚ イッサイの煩悩を捨てて悟りたいというのも煩悩だ。（　　）

☐ 176 彼は**職権**を**濫用**する。（　　）
むやみに使うこと

☐ 177 **廉価**版が来月発売だ。（　　）
値段の安いこと

☐ 178 **猥雑**な雑誌は面白い。（　　）
下品で乱れていること

☐ 179 単純な男は**扱**いやすい。（　　）
物を用いる・操作する

☐ 180 先生の遺稿集を**編**む。（　　）
詩文を集めて書物を作る

17 ジャンルを超えた必須漢字〈超ジャンルC1〉

❶ 妻のビミョウな表情から怒りを読み取るのは困難だ。（　　）

❷ 選手はキュウキョクの技を披露して喝采を浴びた。（　　）

❸ 出版物にはゲンミツな校正が求められている。（　　）

❹ 母親のカジョウな愛が子供の負担になる。（　　）

❺ ソボクな人柄のために村長は村人から長く愛された。（　　）

❻ キセイの考えに縛《しば》られると自由な発想が阻害される。（　　）異規制

❼ ある作家にコユウの表現を分析してレポートを書く。（　　）

❽ 素人が交響曲を作曲するのはヨウイなことではない。（　　）

❾ スパイは本国とキンミツな連絡をとって活動する。（　　）

❿ 失業者の増加は不況にケンチョな現象だ。（　　）

⓫ いくらヒサンな現実でも直視しなければならない。（　　）

⓬ キケンなことに魅力を感じる時期があるものだ。（　　）

⓭ キハクな人間関係が人の精神を不安定にする。（　　）反㉕ノウコウ

⓮ 世知辛《せちがら》い世の中でジュンスイな気持ちを保つのは困難だ。（　　）

読み取り

181 高額の慰藉料を望む。（　　）
なぐさめ

182 心の癒やしを求める人。（　　）
病気や傷などをなおすこと

183 醒めた目で世間を見る。（　　）
正気にもどる・目ざめる

184 駄洒落の連発に呆《あき》れる。（　　）
つまらない冗談

185 恋人への思いが募る。（　　）
いよいよ激しくなる

□⑮火急の時にこそテキカクな判断による行動が望まれる。（　　）類適格

□⑯キョクタンな意見が全体の賛同を得るのは難しい。（　　）

□⑰ギリシア彫刻は職人のタンネンな作業によって作られた。（　　）心を込めて丁寧に行うこと

□⑱遠隔地に栄転だと言われてフクザツな気持ちになった。（　　）反単純

□⑲会議でクウソな議論が延々と続けられた。（　　）見せかけだけでしっかりした内容や実質がないこと

□⑳発明はジュウナンな思考と多くの努力から生まれる。（　　）

□㉑美術館で見たゴッホの絵からセンレツな印象を受けた。（　　）

□㉒彼はキミョウな振る舞いのためにかえって愛された。（　　）

□㉓生あるものが死ぬのはジメイなことである。（　　）わかりきっていること

□㉔人間には言語習得に関してセンザイ的な能力がある。（　　）反顕在

□㉕サドの作品はノウコウな性描写のために発禁となった。（　　）反⑬キハク

□㉖メンミツな調査に基づいた研究は説得力を持つ。（　　）

□㉗彼が次期首相になることはアンモクの了解事項だった。（　　）

□㉘女はクウキョな言葉を発する男の口許《くちもと》だけを見ていた。（　　）

□㉙選手はタクバツな能力を発揮して新記録を樹立した。（　　）抜きんでてすぐれていること

□㉚パーティーには財界のタサイな顔ぶれが参加した。（　　）種類が多く華やかなこと

□⑱⑥息子の家出を咎めた。（　　）
非難する・あやしんで問う

□⑱⑦月賦の支払いが滞る。（　　）
順調に進まず、ぐずつく

□⑱⑧馴染みの店は心やすい。（　　）
なれ親しむこと

□⑱⑨暴君が政治を弄んだ。（　　）
思うままにあやつる

□⑲⓪脳死状態から蘇った。（　　）
生き返る

17 ジャンルを超えた必須漢字〈超ジャンルC2〉

☐ ❶ 野党の議員は首相の政策の失敗をツウレツに批判した。（　　）

☐ ❷ 自然保護をテイショウする団体の総会が開かれた。（　　）
意見を出し人々に呼びかけること

☐ ❸ 不法投棄された産業廃棄物のテッキョ作業を行う。（　　）

☐ ❹ すぐに解決されそうな事件が思わぬテンカイを見せた。（　　）

☐ ❺ 作品に作家自身の姿がトウエイされていることがある。（　　）

☐ ❻ 幼馴染みからのトウトツな愛の告白に彼女は動揺した。（　　）
不意・突然

☐ ❼ 芸能週刊誌は有名人のキョショクを暴くことに忙しい。（　　）
内容をともなわないうわべをかざること

☐ ❽ 彼の強引な申し出は彼女に丁重にキョヒされた。（　　）

☐ ❾ 思い通りに行かないことがあると人はキョム的になる。（　　）
世の中や人生などがむなしく思われるさま

☐ ❿ 男性にとっても結婚は人生の大きなキロの一つである。（　　）
分かれ道

☐ ⓫ 延長十回、一対一のキンパクした試合が続いている。（　　）

☐ ⓬ グチをこぼす前に自分の言動を見直すことが必要だ。（　　）

☐ ⓭ 日常のアイサツさえ出来ない人が増えている。（　　）

☐ ⓮ 法隆寺は日本で最初に世界文化イサンに指定された。（　　）

読み取り

☐ 191 大臣の真意を**質**した。（　　）
質問する・問い尋ねる

☐ 192 **忽**ち土砂降りになった。（　　）
すぐに

☐ 193 社会の**禁忌**を破る。（　　）
忌むべきものとして禁ずること

☐ 194 死の危険を**冒**す。（　　）
危険をかえりみず果敢に行う

☐ 195 彼に**慰謝**の言葉をかける。（　　）
なぐさめ、いたわること

□ 15 人間の遺伝子に関する研究を外部機関にイショクする。（　　）人に任せ頼むこと　異移植
□ 16 彼女は目の前に広がるイヨウな光景に目を奪われた。（　　）
□ 17 景気が悪くなるとインサンな事件が増加する。（　　）
□ 18 彼はカンヨウだからわがままな人とも付き合えるのだ。（　　）異肝要
□ 19 ペリーの黒船が来て日本のヘイオンな生活が破られた。（　　）
□ 20 綱渡りでの華麗な演技にはヘイコウ感覚が必要だ。（　　）
□ 21 国会議員が私企業にベンギをはかることは問題だ。（　　）便利のよいこと・特別な取り扱い
□ 22 議会では三つの法案がホウカツして協議された。（　　）
□ 23 いくつになってもボウケン心を失ってはならない。（　　）
□ 24 汚職事件の調査でボウダイな数の資料が押収された。（　　）
□ 25 風邪のショウジョウが次第にひどくなってきた。（　　）
□ 26 卒業後の進路をめぐり親と子の意見がショウトツした。（　　）
□ 27 ゴーギャンの絵にショクハツされて画家の道に入った。（　　）感情や意欲などを誘い起こすこと
□ 28 人類の生存を脅かす核兵器も近代科学のショサンだ。（　　）生み出したもの
□ 29 彼は体験したことをありのままジョジュツした。（　　）
□ 30 両国首脳が国交回復のための共同声明にショメイした。（　　）

□ 196 彼女は**著しく**成長した。（　　）
はっきりしているさま

□ 197 物陰に**潜んで**観察する。（　　）
見えないように隠れる

□ 198 新製品を**披露**する会。（　　）
広く知らせる

□ 199 力を**悉皆**出し尽くした。（　　）
一つ残らずすべて

□ 200 新しい**疾病**が猛威を振るう。（　　）
病気のこと

18 ジャンルを超えた必須漢字〈超ジャンルD1〉

- ☐ ❶『天狗の隠れ蓑《みの》』の昔話はトウメイ人間の物語でもある。（　　）
- ☐ ❷会社のドウリョウと出世を争うことに疲れ果てる。（　　）
- ☐ ❸検事は被害者の心情をトロした手紙を読み上げた。（　　）本心を打ち明けること
- ☐ ❹小さな衝突事件は大きな問題をナイホウしていた。（　　）内部にもつこと
- ☐ ❺成績の上昇は彼の努力をニョジツに物語っていた。（　　）実際のとおりであること
- ☐ ❻このジュースはノウシュク果汁百%で作られている。（　　）
- ☐ ❼彼は試合に負けたクツジョクを晴らすために頑張った。（　　）
- ☐ ❽船乗りたちは嵐を乗り切ろうと悪戦クトウした。（　　）
- ☐ ❾事件のケイイを聞くまでは良し悪しの判断を保留する。（　　）いきさつ
- ☐ ❿若者は知識に頼り、老人はケイケンに頼ろうとする。（　　）
- ☐ ⓫雪の多い地方にはケイシャのきつい屋根の家が多い。（　　）
- ☐ ⓬公共の場ではケイタイ電話の電源を切りましょう。（　　）
- ☐ ⓭今回のコンテストの一位にガイトウ者はいなかった。（　　）
- ☐ ⓮カイボウした魚の胃からは多くのゴミが出てきた。（　　）

■読み取り■

- ☐ 201 狂言の足袋は黄色だ。（　　）
  和装の時の履き物の一種
- ☐ 202 十年来の知己である。（　　）
  親友・知人
- ☐ 203 玄人の反対語は素人だ。（　　）
  その道の専門家
- ☐ 204 毒で体が痙攣し始めた。（　　）
  筋肉が発作的に収縮を繰り返す
- ☐ 205 一瞥を与えその場を去る。（　　）
  ちょっと見ること

☐ ⑮ 咳によって新型肺炎のウィルスがカクサンする。（　）

☐ ⑯ あのおじいさんは熊とカクトウして勝った経験がある。（　）

☐ ⑰ 自らの医療カゴをごまかす医者の態度には腹が立つ。（　）
あやまち・やり損じ

☐ ⑱ カッキ的な案が出ないまま経済会議は幕を閉じた。（　）

☐ ⑲ 風船は気圧が下がるに従ってボウチョウする。（　）

☐ ⑳ 新しくホソウされた高速道路を車で快適に走る。（　）

☐ ㉑ 手術の前にかけたマスイが切れると患部が痛むものだ。（　）

☐ ㉒ 外国に出かけて異国情緒をマンキツした。（　）
心ゆくまで味わうこと

☐ ㉓ ものごとにカカンに取り組む人が評価される。（　）
思い切って物事を行う

☐ ㉔ 一昔前のコンピュータを見るとカクセイの感を抱く。（　）
慣「カクセイの感」＝時代がすっかり変わってしまった感じ

☐ ㉕ わが社は注文された品をジンソクにお届けいたします。（　）

☐ ㉖ 調査委員会は原発事故の原因をキュウメイした。（　）

☐ ㉗ 先生がスイショウしていたスペイン語の辞書を買う。（　）

☐ ㉘ 今年から町をあげて緑化運動をスイシンしている。（　）

☐ ㉙ 警察は現場にいたキョドウ不審な人物を捕まえた。（　）
人の立ち居振る舞い

☐ ㉚ 聴衆はそのピアニストをスウハイのまなざしで見た。（　）

☐ 206 **滋養**のある食物を摂る。（　）
身体の栄養

☐ 207 知人の**便宜**をはかる。（　）
特別な取り扱い

☐ 208 故人の面影が**彷彿**とする。（　）
心に姿が浮かぶこと

☐ 209 レモンの汁を**搾**り出す。（　）
締めつけて中の液を出す

☐ 210 問題を委員会に**諮問**する。（　）
有識者に意見を求める

18 ジャンルを超えた必須漢字〈超ジャンルD2〉

☐❶ 墨《すみ》のノウタンを巧みに利用した山水画を応接間に飾る。（　　）
☐❷ 古い農村共同体にはハイタ的な部分が多くあった。（　　）他人をしりぞける
☐❸ 講師がキョウチョウした問題が試験に出題された。（　　）強く主張すること
☐❹ 細菌をバイヨウして病原体を特定する実験をする。（　　）
☐❺ 障害を持つ人々にハイリョした設計の建物を造る。（　　）
☐❻ 遺跡ハックツ調査のためのボランティアを募集する。（　　）
☐❼ 規則がゲンカクすぎると守れない者が続出してしまう。（　　）
☐❽ 亡き祖父の告別式がゲンシュクに執り行われた。（　　）
☐❾ 宝くじに当たった彼はコウガイに高価な家を買った。（　　）
☐❿ 詐欺師はコウミョウな手口を次々に考え出している。（　　）
☐⓫ コウリョウたる大地を前にして農夫は嘆息した。（　　）
☐⓬ 受験生は日々コドクな闘いを強いられている。（　　）
☐⓭ 彼のした悪質な行為をカンカするわけにはいかない。（　　）見過ごすこと
☐⓮ 言いたいことをカンケツにまとめることが大切だ。（　　）

■読み取り■

☐211 鋳造技術を誇る工場。（　　）
金属を型に流し込んで器物をつくること
☐212 美術館に彫塑を飾る。（　　）
彫刻と塑像
☐213 解脱を目指した修行。（　　）
悟りを開くこと
☐214 豪華絢爛たる衣装。（　　）
見た目にはなやかで美しいようす
☐215 迂遠な表現が多い小説。（　　）
直接的でないようす

□ ⑮「難解」とはカンゲンすれば「難しい」ということだ。（　　）
異 還元・甘言

□ ⑯ 子供の肌のカンショクは大人にはない特別なものだ。（　　）

□ ⑰ 迂闊《うかつ》な彼はいつもカンジンなことを言い忘れる。（　　）

□ ⑱ カンソウしたその土地は恵みの雨を吸って蘇った。（　　）

□ ⑲ 難しい質問をした生徒に講師はメイリョウに答えた。（　　）

□ ⑳ 試験範囲をモウラした問題集を買って必死に勉強する。（　　）

□ ㉑ 生徒会長に選ばれてモハンとなるように努力する。（　　）

□ ㉒ 政治をフウシするのが得意な漫画家が勲章をもらった。（　　）
社会や人物の欠点などを遠回しに批判すること

□ ㉓ その名探偵はヤッカイな事件を鮮やかに解決した。（　　）

□ ㉔ 上司から贈り物をいただいてキョウシュクした。（　　）

□ ㉕ 衝動買いをして後から高額のセイキュウをされた。（　　）

□ ㉖ 練習の甲斐あって昨年の試合のセツジョクを果たした。（　　）
勝つことで前に受けた恥を消し去ること

□ ㉗ 出来はセツレツでも真心を込めて制作された作品だ。（　　）

□ ㉘ 与党はゼニンしがたい法案を国会で強硬に採決した。（　　）
よいと認めること

□ ㉙ 技術の進歩でセンメイな画像を楽しめるようになった。（　　）

□ ㉚ 委員長の報告内容を書記がガイカツして記録した。（　　）
物事の内容をまとめること

□ 216 活気が横溢する。（　　）
満ち溢れる

□ 217 上司の圧力で辛酸をなめた。（　　）
つらく苦しいこと

□ 218 仕事の猛者たちと競う。（　　）
能力がすぐれ精力的に活動する人

□ 219 数珠をもって葬式に出る。（　　）
多くの珠に糸を通して輪にした仏具

□ 220 社会不安を醸成する。（　　）
情勢や機運を作り出すこと

19 ジャンルを超えた必須漢字〈超ジャンルE1〉

☐❶ 彼の不用意な発言のハモンは思わぬ所へ広がった。（　　）

☐❷ 最近の世相をハンエイして暗い内容の映画が多い。（　　）

☐❸ この本はヒキンな例を挙げて深遠な哲学を説いている。（　　）

☐❹ 鑑定家は美術品のビサイな傷も見逃さなかった。（　　）

☐❺ 彼はヒソウな違いにこだわって本質を見逃している。（　　）
物事の表面・うわべ

☐❻ 高雅な趣味よりヒゾクなものの方が性に合う人もいる。（　　）
いやしく下品であること

☐❼ 試合に臨む選手は自らをコブするように大声を出した。（　　）
はげますこと

☐❽ 健康に配慮して無農薬サイバイの野菜を購入する。（　　）

☐❾ 落語家はシショウの芸を盗んで一人前になっていく。（　　）

☐❿ 甲子園で初出場の高校が強豪に対してケントウした。（　　）

☐⓫ 理論の正しさが今回の研究でジッショウされた。（　　）
確かな手がかりによって明らかにすること

☐⓬ 森の中で妖精が活躍するゲンソウ的な小説を読んだ。（　　）

☐⓭ カントクの中にはかつては有名な選手だった人もいる。（　　）

☐⓮ 聴衆は演奏者の奏でるカンビな旋律に酔いしれた。（　　）

読み取り

☐221 弔問客が詰めかけた。（　　）
お悔やみのために訪問すること

☐222 庭園の築山を散策する。（　　）
庭園などに築いた小高い山

☐223 語彙力が無くて困る。（　　）
特定の範囲に用いられる語の総体

☐224 社長職を更迭された。（　　）
役職などについている人がかわる

☐225 単身で任地へ赴く。（　　）
ある場所や状況に向かう

□ ⑮ 荒地をカイコンするところから新しい生活は始まった。（　　）

□ ⑯ 彼との不仲は前世からのインネンだと思って諦める。（　　）

□ ⑰ 通り雨のおかげで厳しい暑さも少しカンワされた。（　　）

□ ⑱ キゲンが悪い時の彼には誰も近づくことができない。（　　）

□ ⑲ 芸術作品に囲まれたユウガな生活をしたいものだ。（　　）

□ ⑳ 言外に深い余情を感じさせる美をユウゲンの美と呼ぶ。（　　）
奥深い味わいのあること

□ ㉑ 首相は止まらない出生率の低下にユウリョしている。（　　）

□ ㉒ 子供はユカイな人物が活躍するマンガに夢中になる。（　　）

□ ㉓ 合格のヨインに浸る間もなく新しい大学生活が始まる。（　　）

□ ㉔ 景気が回復しないヨウインの一つに政治の貧困がある。（　　）

□ ㉕ 一年間の活動をソウカツすれば成功だったと言える。（　　）

□ ㉖ 若い頃には現実と理想のソウコクに苦しんだものだ。（　　）
互いに相手に勝とうと争うこと

□ ㉗ この部屋には冷暖房のソウチが備わっていない。（　　）

□ ㉘ 大地震の発生をソウテイして大規模な防災訓練を行う。（　　）

□ ㉙ 政府はインターネット普及のソクシンをはかった。（　　）

□ ㉚ 息子を一流企業へ入れようとしてフシンする親は多い。（　　）
心を痛め悩ますこと・苦心

□ 226 彼を信じるものは**皆無**だ。（　　）
全くないこと

□ 227 **厄介**な事件を解決する。（　　）
面倒なこと

□ 228 **宵**になると星が輝く。（　　）
日が暮れて間もない頃

□ 229 夕食のご**相伴**にあずかる。（　　）
正客と一緒にもてなしを受けること

□ 230 **従容**として死についた。（　　）
落ち着いているさま

19 ジャンルを超えた必須漢字〈超ジャンルE2〉

❶このままでは世界戦争が起こるのはヒッシである。（　　）必ずそうなること
❷社員たちに追及されても社長はユウゼンと構えていた。（　　）ゆったりと落ち着いているさま
❸結婚ヒロウ宴は人生最大のイベントの一つだ。（　　）
❹武力行使の前に経済フウサで国力を弱める作戦をとる。（　　）
❺その作家は充分にコウソウを練って小説を書いた。（　　）
❻『源氏物語』はフキュウの名作として海外でも名高い。（　　）後世まで長く残ること　異普及
❼たまに全力シッソウすると膝がガクガクしてしまう。（　　）
❽オリンピックで三連覇するのはシナンの技だ。（　　）きわめて難しいさま
❾ビル建設の前には現地のジバンを調査する必要がある。（　　）
❿人が足りないのでアルバイトをジャッカン名募集した。（　　）多少・いささか
⓫ネットゲームは勉強のジャマだと大人は考えがちだ。（　　）
⓬交通ジュウタイの緩和が交通行政の大切な目的である。（　　）
⓭亡くなった先生の日記から彼の心のキセキをたどる。（　　）たどってきた道筋　異奇跡
⓮集団にキゾクすることで人間は安心するものだ。（　　）

■読み取り■

231 薬草を選んで**摘**んでゆく。（　　）指の先などでつまんで取る
232 改革の会議は**紛糾**した。（　　）乱れもつれること
233 **権現**は仏の化身である。（　　）仏が化身して日本の神として現れること
234 **煩雑**な手続きを省く。（　　）面倒で込み入っていること
235 中東における各国の**角逐**。（　　）互いに競争すること

□ ⑮ 若者たちはキソンの政党には何も期待していない。（　　）

□ ⑯ 彼のキチに富んだ発言がその場の空気を和《なご》ませた。（　　）
とっさの気のきいた言い方やしゃれた表現ができること
外 ウイット

□ ⑰ 高名な詩人は筆をとってザユウの銘を色紙に書いた。（　　）

□ ⑱ 友達にキツモンされて好きな子の名を白状してしまった。（　　）
厳しく問いつめること

□ ⑲ 動物のヨウゴを理由にして捕鯨に反対する国がある。（　　）

□ ⑳ 鰻《うなぎ》のヨウショクが盛んな浜松でおいしい鰻丼を食べた。（　　）

□ ㉑ アナウンサーが声にヨクヨウをつけて詩を朗読した。（　　）
調子を上げ下げすること

□ ㉒ 応募した懸賞に当らず深くラクタンした。（　　）

□ ㉓ 問題点をラレツしても解決にはならない。（　　）

□ ㉔ リュウセイを極めた国も悪政が続いたために滅びた。（　　）

□ ㉕ 校長の話はいつも長いのでタイクツで閉口する。（　　）

□ ㉖ 蝶の羽の模様は左右タイショウになっている。（　　）
異 対象・対照

□ ㉗ 彼はタクエツした技能でライバルたちを圧倒した。（　　）

□ ㉘ 初対面のときから長年のチキのような親しみを感じた。（　　）
知り合い・知人

□ ㉙ 彼は皆の前で上司から堪え難いチジョクを受けた。（　　）

□ ㉚ 技術はチセツだが作者の思いが伝わってくる作品だ。（　　）

□ 236 子供部屋に**蚊帳**を吊《つ》る。（　　）
蚊を防ぐ網の覆い

□ 237 苦労して**漸く**合格した。（　　）
やっとのことで

□ 238 **寄席**で古典落語を聞く。（　　）
大衆芸能を上演する所

□ 239 将来を**嘱望**された青年。（　　）
期待を寄せること

□ 240 彼の批評は**辛辣**だった。（　　）
非常に手厳しいこと

19 ジャンルを超えた必須漢字〈超ジャンルE3〉

- ❶ 人をブジョクする書き込みはネットでのマナー違反だ。（　　）
- ❷ 彼は彼女の落ち着かない態度にフシンの念を抱いた。（　　）疑わしいこと　異不信
- ❸ むやみな増税は国民にフタンを強いるものである。（　　）
- ❹ タコだと言われた彼はフンガイして真っ赤になった。（　　）ひどく腹を立てること
- ❺ この薬は原料をフンサイして細かい粒子状にしてある。（　　）
- ❻ 仲間の裏切りによりシュウトウな計画が警察にばれた。（　　）慣「用意シュウトウ」＝準備を怠りなく行うこと
- ❼ 友人の提案とはいえ無茶な要求にはシュコウできない。（　　）賛成の意味でうなずくこと
- ❽ みんなを代表して雑誌をシュサイする。（　　）異主催
- ❾ 人の話を鵜呑《うの》みにせずシュシャ選択する方が良い。（　　）
- ❿ 祖母は自分の生きてきた道のりをジュッカイした。（　　）心中の思いをのべること
- ⓫ 古代人の自然への心情が古典的な美にショウカされた。（　　）物事が一段上の状態にまで高められること
- ⓬ 社会科の調査で学校の五十年間のエンカクを調べる。（　　）物事の移り変わり・変遷
- ⓭ キドウを修正した人工衛星は通信を再開した。（　　）
- ⓮ 感情のキフクの激しい父はいつも突然怒り出す。（　　）勢いなどが盛んになったり衰えたりすること

読み取り

- 241 威嚇され勇気が**萎**えた。（　　）
  力が抜けてぐったりとする
- 242 **納戸**にお膳をしまおう。（　　）
  衣類や家具などをしまっておく部屋
- 243 筋の通らない**雑駁**な話。（　　）
  雑然としていてまとまりがないこと
- 244 **懺悔**室で罪を告白する。（　　）
  過去の罪過を悔い改めること
- 245 **為替**で取引をする。（　　）
  手形・小切手・証書などで決済する方法

- ⑮ その素材は衝撃をキュウシュウし人体を保護する。（　　　）
- ⑯ 屈折した彼の性格をキョウセイするのは難しい。（　　　）なおして正しくすること
- ⑰ 複雑な現象はその本質を見極めることがカンヨウだ。（　　　）異 寛容
- ⑱ 高級ブランドのルイジ品が出回って対策に苦慮する。（　　　）
- ⑲ 古代の出土品の真偽を正確にシキベツするのは難しい。（　　　）
- ⑳ 買い物に行った隙にルス宅は泥棒に入られていた。（　　　）
- ㉑ 上司に反抗した社員はレイコクな仕打ちを受けた。（　　　）
- ㉒ 教室の壁には時間のロウヒを戒める紙が張られていた。（　　　）
- ㉓ 大統領は敵意をロコツに敵国を批判する演説を始めた。（　　　）
- ㉔ 酸素欠乏によるチッソクが死亡の原因だった。（　　　）
- ㉕ 丘の上にたたずむあの家はチョウボウが素晴らしい。（　　　）
- ㉖ 知人の歯科医に虫歯をチリョウしてもらった。（　　　）
- ㉗ 戦後の日本は一貫してアメリカにツイズイしてきた。（　　　）
- ㉘ 教え子たちは亡き師をツイトウする文集を作った。（　　　）
- ㉙ 生徒が書いた作品のダソクの部分を先生が削除した。（　　　）余分なもの・不要なもの
- ㉚ 子を持って親のありがたさをツウセツに思い知った。（　　　）

- 246 そこは両国の緩衝地帯だ。（　　　）
  対立するものの不和や衝突を和らげること
- 247 流暢な英語を話す。（　　　）
  なめらかでよどみがないこと
- 248 矮小な問題にこだわる。（　　　）
  小さいこと
- 249 御尊父の逝去を悼みます。（　　　）
  なくなること
- 250 脆弱な体質を改善する。（　　　）
  もろくて弱いこと

チェックテスト D

1 朝顔の成長カテイの記録。

2 貿易マサツが激しくなる。

3 留学のキカイを逃さない。

4 事件のハイケイを調べる。

5 成績イジには努力が必要。

6 国家のヨウセイに応じる。

7 安易なダキョウはダメだ。

8 思想体系をコウチクする。

9 転職をヨギなくされる。

10 日本経済がテイタイする。

11 噂は常にゾウフクされる。

12 父は村役場にフニンした。

13 孫をカジョウに愛する祖父。

14 ジュンスイな心はもろい。

15 人はセンザイ能力を持つ。

16 クウキョな言葉を発する。

17 問題はタキにわたった。

18 小雨《こさめ》がカンダンなく降る。

19 法皇のイゲンに満ちた説教。

20 イッサイの煩悩を捨てる。

21 イヨウな光景を目にした。

22 彼はカンヨウな人物だ。

23 友達にキツモンされた。

24 事件のケイイを聞く。

25 ケイタイ電話の電源を切る。

26 無農薬サイバイの野菜。

27 ゲンソウ的な風景を見る。

28 意見がショウトツする。

29 その絵にショクハツされる。

30 神仏をスウハイする。

書き取り /40

読み取り /20

31 発毛をソクシンする薬。

32 作者の心がトウエイされる。

33 心情をトロした手紙。

34 細菌をバイヨウする。

35 懸賞に当らずラクタンした。

36 知人にベンギをはかる。

37 モハンとなる行動をとる。

38 ヤッカイな事件を解決する。

39 動物をヨウゴする運動。

40 レイコクな仕打ちを受ける。

41 受験に真摯な態度で挑む。

42 截然とした力の差を感じる。

43 彼は私の弱さを嘲弄した。

44 王の命令に背馳した兵士。

45 時間をかけて愛を育んだ。

46 手の施しようがない状態。

47 彼は職権を濫用している。

48 妻は高額の慰藉料を望む。

49 父は息子の家出を咎めた。

50 男は脳死状態から蘇った。

51 一瞥もくれずに立ち去る。

52 心の癒やしを求める人。

53 社会の禁忌を破る。

54 解脱を目指した修行。

55 問題を委員会に諮問する。

56 彼の批評は辛辣だった。

57 彼とは十年来の知己である。

58 威嚇され勇気が萎えた。

59 矮小な問題にこだわる。

60 流暢な英語を話す。

共通テスト対策

20 共通テスト対策〈基礎1〉

問 次の太字と同一の漢字を使うものを、各群の①～⑤の中から、それぞれ一つずつ選べ。

☑❶ 変カク
①沿カク
②カク充
③互カク
④カク得
⑤参カク

☑❷ 納トク
①会トク
②監トク
③トク別
④美トク
⑤トク名

☑❸ ケン討
①ケン著
②危ケン
③ケン約
④点ケン
⑤ケン賞

☑❹ 不可ヒ
①ヒ常
②ヒ密
③ヒ定
④逃ヒ
⑤ヒ免

☑❺ 謙キョ
①キョ匠
②キョ絶
③空キョ
④根キョ
⑤キョ動

☑❻ 指テキ
①テキ中
②テキ当
③テキ発
④仇テキ
⑤警テキ

☑❼ 感メイ
①運メイ
②メイ友
③克メイ
④メイ記
⑤メイ信

☑❽ マン画
①巨マン
②マン然
③マン願
④マン心
⑤欺マン

☑❾ リン接
①近リン
②リン理
③車リン
④リン時
⑤リン立

☐ ❿ 増ショク

① 移ショク
② 異ショク
③ 感ショク
④ 利ショク
⑤ 服ショク

☐ ⓫ 救サイ

① 返サイ
② 愛サイ
③ サイ壇
④ サイ集
⑤ 色サイ

☐ ⓬ 大タン

① 分タン
② 落タン
③ タン位
④ タン刀
⑤ 両タン

☐ ⓭ ホウ置

① ホウ擁
② ホウ送
③ 模ホウ
④ ホウ満
⑤ ホウ問

☐ ⓮ 排ジョ

① ジョ行
② 欠ジョ
③ ジョ長
④ 駆ジョ
⑤ ジョ事

☐ ⓯ イ持

① 北イ
② 繊イ
③ 包イ
④ イ頼
⑤ イ端

☐ ⓰ サイ縫

① 開サイ
② 積サイ
③ サイ培
④ 野サイ
⑤ サイ判

☐ ⓱ 貢ケン

① ケン究
② ケン威
③ 派ケン
④ ケン上
⑤ ケン譲

☐ ⓲ 風チョウ

① 膨チョウ
② 傾チョウ
③ チョウ然
④ 干チョウ
⑤ 胃チョウ

☐ ⓳ ザン定

① ザン時
② 難ザン
③ ザン虐
④ 暗ザン
⑤ ザン新

☐ ⓴ 用意周トウ

① トウ選
② 卒トウ
③ 応トウ
④ トウ明
⑤ トウ達

☐ ㉑ 冷タン

① 枯タン
② タン当
③ タン息
④ タン身
⑤ 発タン

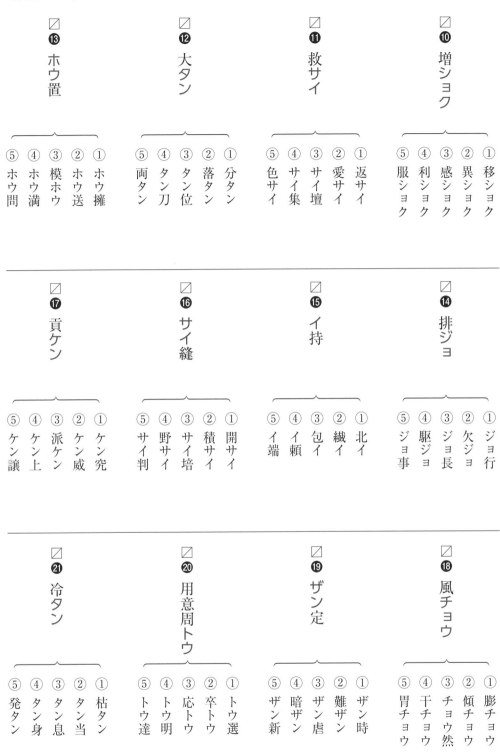

20 共通テスト対策〈基礎2〉

問 次の太字と同一の漢字を使うものを、各群の①〜⑤の中から、それぞれ一つずつ選べ。

☐ ❶ ギョウ縮
① 人ギョウ
② ギョウ天
③ 職ギョウ
④ ギョウ政
⑤ ギョウ固

☐ ❷ シュウ撃
① 押シュウ
② 報シュウ
③ 学シュウ
④ シュウ任
⑤ 踏シュウ

☐ ❸ ウッタえる
① ソ外
② ソ置
③ 基ソ
④ ソ止
⑤ 控ソ

☐ ❹ 路ボウ
① ボウ却
② ボウ頭
③ ボウ御
④ ボウ観
⑤ ボウ挙

☐ ❺ テン加剤
① テン灯
② テン開
③ 辞テン
④ テン削
⑤ テン倒

☐ ❻ ショウ動
① 賠ショウ
② 鑑ショウ
③ ショウ突
④ 干ショウ
⑤ 故ショウ

☐ ❼ ゲン密
① 威ゲン
② 根ゲン
③ ゲン想
④ ゲン因
⑤ ゲン凶

☐ ❽ 模サク
① サク除
② サク引
③ サク取
④ 倒サク
⑤ 方サク

☐ ❾ シュウ知の事実
① 優シュウ
② シュウ大成
③ シュウ了
④ シュウ囲
⑤ 補シュウ

☐ ❿ 無ボウ
① 陰ボウ
② ボウ却
③ ボウ害
④ 願ボウ
⑤ 解ボウ

☐ ⓫ 抑シ
① シ示
② 廃シ
③ 趣シ
④ シ急
⑤ シ唆

☐ ⓬ ユ断
① 経ユ
② ユ快
③ 治ユ
④ 石ユ
⑤ ユ出

☐ ⓭ 規ハン
① ハン栄
② ハン侶
③ ハン断
④ ハン罪
⑤ ハン囲

☐ ⓮ 奨レイ
① レイ凍
② 激レイ
③ 慣レイ
④ レイ魂
⑤ 儀レイ

☐ ⓯ ノウ密
① ノウ霧
② ノウ業
③ 頭ノウ
④ 有ノウ
⑤ ノウ税

☐ ⓰ ニン意
① ニン情
② ニン耐
③ 解ニン
④ ニン娠
⑤ ニン識

☐ ⓱ ケッ作
① ケッ癖
② ケッ出
③ ケッ陥
④ ケッ着
⑤ ケッ婚

☐ ⓲ 貴チョウ
① チョウ節
② チョウ候
③ 緊チョウ
④ チョウ望
⑤ 慎チョウ

☐ ⓳ コク印
① コク服
② 申コク
③ 残コク
④ 深コク
⑤ 渓コク

☐ ⓴ カツ望
① 円カツ
② 分カツ
③ カツ躍
④ 総カツ
⑤ 枯カツ

☐ ㉑ マ擦
① マに受ける
② マが悪い
③ マ術
④ マ薬
⑤ マ天楼

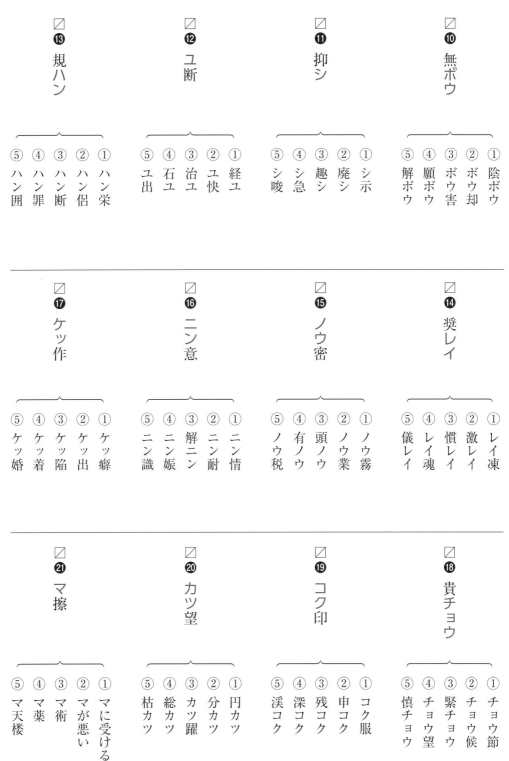

21 共通テスト対策〈実戦1〉

問 次の傍線部の漢字と同一の漢字を含むものを、各群①～④の中から、それぞれ一つずつ選べ。

❶ スイタイ
① ジュンスイな愛を求める
② スイチョク二等分線を引く
③ 患者はマスイで意識を無くした
④ 徹夜で心身がスイジャクした

❷ シュクズ
① シュクエンで盃を酌み交わす
② 不景気で賃金がアッシュクされた
③ 辛いシュクメイを背負う
④ ゲンシュクな儀式に参列する

❸ ガイネン
① 社会の腐敗をガイタンする
② 今回はガイトウ者がいなかった
③ 天気のガイキョウを調べる
④ 無駄な作業をジョガイする

❹ ミャクラク
① ゴラク施設に出入りする
② ラクノウに従事して牛を育てる
③ 谷間の小さなシュウラクに暮らす
④ 進捗状況を上司にレンラクする

❺ スイセン入試
① スイリ小説を読みふける
② 与えられた任務をスイコウする
③ 大学合格のスイジュンに達する
④ スイソウガクの大会に参加する

❻ カンレキ
① ファンはカンキの声を上げる
② カンセイな住宅街に暮らす
③ カンキョウ問題に精通する
④ カンプキン詐欺に注意しよう

❼ ソッチョク
① ソッキョウの芝居に興じる
② 将軍のソッキンが悪事を働く
③ 自らソッセンして行動する
④ ソッキュウと変化球を混ぜる

❽ ジュンタク
① 人生のセンタクシは多い方がよい
② この服のコウタク感がいい
③ 荒れ地をカイタクする
④ 政府業務を民間にイタクする

☑ ❾ ソエン
① 効率化のためソシキを再編成する
② 国宝はソザツに扱ってはいけない
③ 習慣に従ってソセンの祭祀を主宰する
④ 中身のないクウソな議論は聞き飽きた

☑ ❿ インサツ
① 市政をサッシンする
② 乾布マサツで体を鍛える
③ 市民の意見がモクサツされた
④ 競売で名画をラクサツする

☑ ⓫ イリョク
① 正統とイタンを区別する
② ケンイと権力を併せ持つ
③ 患者のためにイリョウを整える
④ ヨウイに解答が出せない問題

☑ ⓬ ショウメイ装置
① 手をショウドクする
② ショウテン距離を合わせる
③ 解説をショウリャクする
④ ショウジュンを合わせる

☑ ⓭ レイゾウコ
① 紙幣のギゾウ
② カンゾウの病気
③ 石油のマイゾウ量
④ 図書館への書籍のキゾウ

☑ ⓮ インキョ
① ヨインを感じさせる俳句
② 昔のインシュウに囚われている
③ タイインレキを太陽暦に変える
④ インゼンたる権力を持つ政治家

☑ ⓯ 衛星キドウ
① 感情のキフクが激しい
② 任務のホウキは許されない
③ フウキ委員に選ばれる
④ ジョウキを逸する

☑ ⓰ 人跡ミトウ
① 先人のやり方をトウシュウする
② 学者としてトウカクを現した
③ 世界遺産にトウロクされる
④ 時間内にトウアンを作成する

☑ ⓱ ユウメイ人
① メイチョを読む
② 質問にメイリョウに答える
③ 演説にカンメイを受ける
④ 他人の考えにキョウメイする

☑ ⓲ アンノン
① 地球がオンダン化している
② 事態をオンビンに済ませる
③ 人知れずオンミツ行動をする
④ 自然のオンケイを受ける

21 共通テスト対策〈実戦2〉

問 次の傍線部の漢字と同一の漢字を含むものを、各群①～④の中から、それぞれ一つずつ選べ。

☐ ❶ 形セキ
① 会長のショクセキを果たす
② 土地のメンセキを調べる
③ 議論にイッセキを投じる
④ 過去のシセキを訪ねる

☐ ❷ ヨウト
① 財産を子供にジョウトする
② 自分の心情をトロする
③ 努力がトロウに終わる
④ この町は開発のトジョウにある

☐ ❸ スウハイ
① 映画ハイユウにあこがれる
② 先生の講演をハイチョウする
③ ハイスイの陣を敷く
④ 土砂をハイジョする

☐ ❹ 兆コウ
① 親にコウコウする
② 運転免許をコウシンする
③ 不法なコウイを取り締まる
④ キコウの良い土地を選ぶ

☐ ❺ ソウじて
① 事件のソウサが進展する
② ドクソウ的な作品を作る
③ 新作のコウソウを練る
④ 被害のソウガクを計算する

☐ ❻ シン食
① 幾多のシンサンをなめてきた
② 私の生活シンジョウを述べる
③ 家にシンニュウする
④ 先生にシンキンカンを持つ

☐ ❼ ソッキョウ
① ムネを熱くする
② 技をキソう
③ しおりをハサむ
④ 新たにオコる国

☐ ❽ シッピツ
① 名誉をウシナう
② シメった空気
③ 政務をトる
④ ウルシ塗りの盆

❾ 感タン
① 責任をニナう
② アワい恋心
③ 青春はミジカい
④ ナゲかわしい風潮

❿ ボウリョク
① 創造性にトボしい
② 秘密をアバく
③ 進行をサマタげる
④ 今日はイソガしい

⓫ ショ産
① 長い手紙をカく
② 今年の夏はアツい
③ 明るいトコロに出る
④ 堪忍袋のオが切れる

⓬ 賛セイ
① チームは五人からナる
② 細かい説明をハブく
③ 生活が規則タダしい
④ コエを大にして叫ぶ

⓭ 示サ
① 犬をクサリにつなぐ
② 雲間から日がサす
③ ヒダリの道を行く
④ 人をソソノカす

⓮ 大ハン
① 大きく胸をソらす
② 仕事ぶりがイタに付く
③ 思いナカばに過ぎる
④ オカした罪をつぐなう

⓯ シュツランの誉れ
① ミダれた風俗
② アイ染めの着物
③ タマゴ焼き
④ アラシの予感

⓰ オクビョウ
① キオクがたどれない
② オクソクが人々の不安をあおる
③ オク座敷に通される
④ オクジョウに家庭菜園を作る

⓱ ハイカイ
① カイギャクを理解する
② ニカイに上がる
③ カイセン丼を食べる
④ 模試のカイセツを読む

⓲ ガング
① ガンキョウな体を作る
② 合格をキガンする
③ ガンチクのある名言
④ 犬はアイガン動物である

21 共通テスト対策〈実戦3〉

問　次の傍線部の漢字と同一の漢字を含むものを、各群①～④の中から、それぞれ一つずつ選べ。

☐ ❶ タンサク
① サクヤの出来事を思い出す
② 作文をテンサクする
③ アッサク空気の力を使う
④ 百科事典のサクインをひく

☐ ❷ シいられる
① 取り調べでジキョウする
② クッキョウな若者に育つ
③ 他社製品とキョウゴウする
④ 夏休みにコキョウに帰る

☐ ❸ ダイジョウブ
① 胃腸薬をジョウビする
② ガンジョウな家を建てる
③ ジョウダンで人を笑わせる
④ 所有権を他人にジョウトする

☐ ❹ ハカる
① ニソクサンモンの価値もない
② 新しい事業をソクシンさせる
③ ヘンソク的な動詞の活用
④ オクソクにもとづく報道

☐ ❺ ユズる
① ケンジョウの美徳を学ぶ
② 酸性のドジョウを改良する
③ 河川のジョウカを進める
④ 酒をジョウゾウする

☐ ❻ イデン
① イシツブツ係を訪ねる
② 激動の明治イシン
③ イダイな業績
④ 生徒のイモン活動

☐ ❼ シバられる
① 景気回復のキバク剤
② 真相をバクロする
③ 首謀者をホバクする
④ バクゼンとした印象

☐ ❽ ツムぎ
① 仕事にボウサツされる
② 流行性のカンボウ
③ 理科のカイボウ実験
④ 綿と羊毛のコンボウ

□ ❾ リン場
① ジンリンにもとる
② 高層ビルがリンリツする
③ タイリンの花を咲かせる
④ リンキオウヘンに対応する

□ ❿ アヤマり
① ソウゴに助け合う
② 事実をゴニンする
③ 人権をヨウゴする
④ イゴを楽しむ

□ ⓫ ヘイバン
① 話題のサイバンを傍聴する
② カンバンに偽りがある
③ ゲンテイバンの写真集を買う
④ 合唱のバンソウをする

□ ⓬ ヒカえて
① コウダイに名を残す
② 社会にコウケンする
③ 身柄をコウソクする
④ 経費をコウジョする

□ ⓭ 移ショク
① 室内のソウショクを一新する
② チャクショク加工した食品がある
③ 定年後もショクタクとして勤める
④ ショクミンチが独立国家になる

□ ⓮ スんだ
① セイチョウな山の空気
② ピアノのチョウリツ
③ チョウボウを楽しむ
④ ソウチョウに散歩する

□ ⓯ ガンタン
① タンタンと仕事を進める
② イッタン冷静になろう
③ 責任のイッタンがある
④ 犯罪にカタンする

□ ⓰ ハクセイ
① ハクシンの演技をする
② 人権をハクダツされる
③ 罪をジハクする
④ ハクシャをかける

□ ⓱ ヨウカイ変化
① 異文化をジュヨウする
② ヨウショウ期の記憶
③ ヨウツウに苦しむ
④ 女優のヨウエンな演技

□ ⓲ ハンリョ
① 海外リョコウに出かける
② 葬式にソウリョを招く
③ ホリョとして捕まる
④ お客にハイリョする

チェックテスト E

1 ケン討と同じ漢字を使うものは？
①ケン著 ②危ケン
③ケン約 ④点ケン
⑤ケン賞

2 排ジョと同じ漢字を使うものは？
①ジョ行 ②欠ジョ
③ジョ長 ④駆ジョ
⑤ジョ事

3 模サクと同じ漢字を使うものは？
①サク除 ②サク引
③サク取 ④倒サク
⑤方サク

4 コク印と同じ漢字を使うものは？
①コク服 ②申コク
③残コク ④深コク
⑤渓コク

5 カツ望と同じ漢字を使うものは？
①円カツ ②分カツ
③カツ躍 ④総カツ
⑤枯カツ

6 兆コウと同じ漢字を使うものは？
①親コウ行 ②免許のコウ新
③不法コウ為 ④気コウが良い
⑤名画のコウ入

7 示サと同じ漢字を使うものは？
①模型をツクる ②日がサす
③クサリにつなぐ ④ヒダリの道
⑤ソソノカす

8 シン食と同じ漢字を使うものは？
①シン酸をなめる ②生活シン条
③家にシン入する ④シン近感
⑤シン歩的

9 ヒカえると同じ漢字を使うものは？
①コウ代に名を残す
②社会コウ献 ③コウ束時間
④経費のコウ除 ⑤コウ上心

10 ツムぐと同じ漢字を使うものは？
①仕事にボウ殺される
②針小ボウ大 ③解ボウ実験
④流行性感ボウ
⑤綿とウールの混ボウ

11 俳カイと同じ漢字を使うものは？
①カイ諧精神 ②二カイ建ての建物
③カイ鮮丼 ④模試のカイ説
⑤大会をカイ催する

12 ガン具と同じ漢字を使うものは？
①ガン強な体 ②合格を祈ガンする
③ガン蓄のある名言 ④愛ガン動物
⑤善悪の彼ガン

13 元タンと同じ漢字を使うものは？
①タン水魚 ②一タン冷静になる
③責任の一タン ④タン任教師
⑤タン絡的な思考

14 ハク製と同じ漢字を使うものは？
①ハク真の演技 ②人権のハク奪
③自ハクする ④ハク車をかける
⑤ハク識を自慢する

15 カン暦と同じ漢字を使うものは？
①カン喜の声 ②カン静な住宅街
③カン境問題 ④カン付金詐欺
⑤遺カンの意を表明する

得点
/15

現代文の基礎知識

22 現代文の基礎知識〈評論読解用語1〉

問1 次の各文章の空欄を補うのに最も適当な語を、後の語群の中から選び、ひらがなを漢字に改めて空欄に補いなさい。

☐❶ 昔のムラ的な村落a（　　）での人々の生活は、伝統的なしきたりや掟《おきて》といった社会のb（　　）に強く拘束されたものであった。そのため、そこでの生活は毎日何の変わりばえもしないc（　　）性に支配されることになる。そのような生活の中で人々は疲れ、生き生きとした精神の高揚感を失っていく。こうした人々の精神の澱《よど》みをd（　　）し、新たな気持ちで日々の生活に戻るために、普段とは違う「ハレ」の場としてのe（　　）という行事が必要であった。

| きはん | きょうどうたい | にちじょう |
| しゅくさい | じょうか | |

☐❷ a（　　）文明は、十五世紀頃から西ヨーロッパという一地方に発生し、世界中に広まったと考えられる。そして現代ではその西欧文明を中心にした世界b（　　）が成立し、その文明の影響を受けていない地域は、世界の中心から見ればc（　　）であり、まとまりのないd（　　）とした場所として位置づけられた。その結果、そこに暮らす人々は西欧人からe（　　）人として長い間蔑《さげす》まれることになった。

| やばん | ちつじょ | きんだい |
| しゅうえん | こんとん | |

☐❸ 一般に言葉は情報を伝達するためのa（　　）であり、目の前に存在していない事物を再現させる働きも持つ。このように、言葉はシンボル体系、すなわちb（　　）体系と呼ばれる。

言葉は記号表現と記号内容から構成され、そのような言葉が現実に実存するｃ（　　）物を指示する。例えば、記号表現は「木」や「tree」という形で示され、記号内容は「幹や枝や葉を持つ植物」という形で概念的に理解される。記号表現と記号内容の対応関係は、言葉が話される社会のｄ（　　）によって決まるので、とくに理由があるわけではない。このような記号の性質は記号のｅ（　　）性と呼ばれる。

かんしゅう	しょうちょう	ばいたい
じつざい	しい	

□❹ 個人的な体験をａ（　　）にもとづいて個性的に表現する文学とは異なり、科学は、自然現象を個人的な見方から離れたｂ（　　）的な視点から記述する学問である。この科学において、実際には一まとまりの現象も観察主体である科学者とは何のつながりもない単なる観察のｃ（　　）として捉《とら》えられ、個々の要素に分解される。そのような科学的な分析を通じて科学者は明確になった個々の現象の特殊な性質を捨象し、各現象に共通の要素だけを取り出してｄ（　　）する。そしてそれら共通の要素を整合的に組み合わせ、自然界の摂理とも言えるｅ（　　）的な自然法則を見出そうとする。

ふへん	ちゅうしょう	きゃっかん
たいしょう	しゅかん	

□❺ 明治新政府は近代国家の確立を急ぎ、進んだ西洋文明を遅れた日本に広めるというａ（　　）活動を行った。しかし、それは皮相的なものになりがちで、前近代的体質を残す日本の社会に様々なｂ（　　）と混乱を招いた。

文学の世界では、明治二十年前後から本格的な近代文学の活動が始まり、キリスト教の影響のもとで、自由民権運動と外国への憧憬の心情が、前期浪漫主義として開化した。この思潮は強い精神性・ｃ（　　）性を持っており、それは真に個人の解放が許されない日本社会のｄ（　　）的要素に対する一種の批判となった。そして近代的ｅ（　　）を抑圧するものへのこうした抵抗は、後に社会を客観的に直視する自然主義文学へと受け継がれていった。

じが	かんねん	ほうけん
けいもう	むじゅん	

22 現代文の基礎知識〈評論読解用語2〉

問1 次の文章の空欄を補うのに最も適当な語を、後の語群の中から選び、記号で答えなさい。

近代になると、封建的な束縛から個人が解放され、個々の a □ の意識が発達する一方で、理性が重視されるようになった。そして、人間はその理性によって外界のあらゆるものを b □ 化し、観察・分析するようになった。こうして成立したのが近代科学である。

近代社会においては科学が生み出した機械文明が支配的になり、人間が機械に従属するような傾向まで現れ、人間は、自分の c □ 性が脅かされると感じるようになった。本来の人間らしさを喪失したようなこの感覚を d □ 感と呼ぶ。

人間のためにあるはずの機械文明が、人間性を喪失させてしまう結果を招くこと。これは近代の抱える e □ のひとつである。

イ 主体	ロ 逆説	ハ 自我
ニ 対象	ホ 疎外	

問2 次の各文の空欄を補うのに最も適当な語を、後の語群の中から選び、記号で答えなさい。

❶ あまり意味のない特徴を □ して、動物を哺乳類、鳥類、両生類といった系統群に分類する。

❷ あの絵画は、カンディンスキーやモンドリアンの作品と同じく、抽象画の □ に属する。

❸ 矛盾対立を発展的に統一することで高次なものを生み出そうとするのが □ の考え方である。

❹ 抽象的な思想・観念などを、具体的な事物によって理解しやすい形で表すことを □ と言う。

❺ 形がなくて、感覚ではその存在を知ることのできないものを □ と言う。

イ 弁証法	ロ 象徴	ハ 範疇
ニ 捨象	ホ 形而上	

問３ 次の各文の空欄を補うのに最も適当な語を、後の語群の中から選び、記号で答えなさい。

❶ 実業家は、現実離れした夢を追わず、物事を［　　］に考える人が多い。

❷ 現在の［　　］な教育が、型にはまった個性のない人間を生み出している。

❸ 彼は、知識をひけらかして人をまどわせる［　　］なところがある。

❹ 現実を直視せずに、頭の中だけで［　　］に考えるのは危険だ。

❺ ［　　］なつながりによって、組織は一つの意思を持った生命体のように行動できる。

イ 衒学《げんがく》的	ロ 有機的	ハ 画一的
ニ 即物的	ホ 観念的	

問４ 次の各文の空欄［ⅰ］～［ⅴ］を補うのに最も適当な語を、後の語群の中から選び、記号で答えなさい。また空欄〔ａ〕～〔ｅ〕には、空欄［ⅰ］～［ⅴ］に入る語と対応する対義語が入る。それらをそれぞれ漢字で書きなさい。

❶ ガリレオは地動説を唱えたが、天動説をⅰ［　　］とする当時の教会権力によって、その説はａ〔　　〕と見なされた。

❷ 彼女との出会いはふとしたⅱ［　　］だったが、その後、僕が彼女の魅力のとりことなっていったのは避けがたいｂ〔　　〕だった。

❸ 熱狂的な宗教者たちは、真実はただ一つしかないというⅲ［　　］的な考え方にとらわれがちだが、哲学者は時代や地域によって真実のありようは異なるというｃ〔　　〕的な視点に立つ者が多い。

❹ 旧来の風習や伝統を重んじるⅳ［　　］的な態度の持ち主は、絶えず新しいものを求め現状を変えようとするｄ〔　　〕的な人間と意見が合わないものだ。

❺ 法律の言葉は、曖昧さがなく、複数の解釈を許さないｅ〔　　〕的なものが望ましいが、逆に詩歌の表現は、むしろ陰影に富み多様な意味を持つⅴ［　　］的なものがよい。

イ 偶然	ロ 多義	ハ 正統
ニ 保守	ホ 絶対	

23 現代文の基礎知識〈対義語・外来語〉

問1 次の各語の対義語を漢字で記しなさい。

☐❶ 具体 ⇕ 〔　　〕
☐❷ 分析 ⇕ 〔　　〕
☐❸ 特殊 ⇕ 〔　　〕
☐❹ 形式 ⇕ 〔　　〕
☐❺ 演繹 ⇕ 〔　　〕
☐❻ 韻文 ⇕ 〔　　〕
☐❼ 理論 ⇕ 〔　　〕
☐❽ 抒情 ⇕ 〔　　〕
☐❾ 鈍感 ⇕ 〔　　〕
☐❿ 軽率 ⇕ 〔　　〕

☐⓫ 勤勉 ⇕ 〔　　〕
☐⓬ 成功 ⇕ 〔　　〕
☐⓭ 親密 ⇕ 〔　　〕
☐⓮ 厚遇 ⇕ 〔　　〕
☐⓯ 順境 ⇕ 〔　　〕
☐⓰ 楽観 ⇕ 〔　　〕
☐⓱ 理想 ⇕ 〔　　〕
☐⓲ 自律 ⇕ 〔　　〕
☐⓳ 外発 ⇕ 〔　　〕
☐⓴ 義務 ⇕ 〔　　〕

☐㉑ 生産 ⇕ 〔　　〕
☐㉒ 需要 ⇕ 〔　　〕
☐㉓ 拡大 ⇕ 〔　　〕
☐㉔ 簡単 ⇕ 〔　　〕
☐㉕ 希薄 ⇕ 〔　　〕
☐㉖ 自然 ⇕ 〔　　〕
☐㉗ 周縁 ⇕ 〔　　〕
☐㉘ 未知 ⇕ 〔　　〕
☐㉙ 顕在 ⇕ 〔　　〕
☐㉚ 真実 ⇕ 〔　　〕

問2 次の❶～❼の意味に対応する言葉を、後のa～gの中から選び、記号で答えなさい。

(A)

☐❶板ばさみの状態にあること。（　　）
☐❷一見常識に反するが、一面の真実を示す説。逆説。（　　）
☐❸皮肉やあてこする。反語。（　　）
☐❹時代遅れの思想や態度を守ること。時代錯誤。（　　）
☐❺人の行動を決定する根本的な観念の体系。（　　）
☐❻文章の効果を高めるための表現技法。修辞。（　　）
☐❼芸術の創作の原動力となる考え。動機。（　　）

a　パラドックス　　b　イデオロギー
c　ジレンマ　　d　レトリック
e　アナクロニズム　　f　モチーフ
g　アイロニー（イロニー）

(B)

☐❶自己同一性。自己の存在証明。（　　）
☐❷同類のものを一まとめにしたもの。範疇。（　　）
☐❸対象に相反する感情を同時に抱くこと。両面価値。（　　）
☐❹対象を変形・誇張して表現すること。（　　）
☐❺人生や社会の機微を簡潔に表現した言葉。警句。（　　）
☐❻想像力によって作られた物事や筋。虚構。（　　）
☐❼「～のようだ」などを用いずに喩える修辞法。隠喩（暗喩）。（　　）

a　フィクション　　b　デフォルメ
c　アフォリズム　　d　カテゴリー
e　アンビバレンス　　f　メタファー
g　アイデンティティ

24 現代文の基礎知識〈文学史・文芸用語〉

問1 次の❶～❽の文芸思潮の内容に該当する名称を、後の語群イ～チの中から選び、記号で答えなさい。

□ ❶ 明治十八年から二十年代にかけて広まったもので、作者の主観を排して、人生や社会の現実を客観的な態度でありのままに写すことを主眼とした。〔　　〕

□ ❷ 明治二十年代から三十年代にかけて広まったもので、残存する封建性を排して、人間性の解放を求め、恋愛や芸術の絶対性を主張した。〔　　〕

□ ❸ 明治三十年代末から明治末期にかけて広まったもので、もとは十九世紀後半にフランスで起こった文学運動で、現実の暴露と赤裸々な告白を通じて人間の真実を表現しようとした。〔　　〕

□ ❹ 明治末期から大正初期にかけて広まったもので、現実の醜さや作家の実生活にかたよった文学傾向に反発して、精神より感覚を重んじ、芸術の中に官能的、享楽的な美しさを求めた。〔　　〕

□ ❺ 明治末期から大正末期にかけて広まったもので、トルストイらの影響のもとに、人道主義を理念として掲げ、自然や芸術の背後にある生命力を信じ、倫理的なものを重視した。〔　　〕

□ ❻ 大正五年頃から大正末期にかけて広まったもので、遠ざけられていた現実をもう一度ひきもどし、明確な技巧と透徹した知性で現実を描こうとした。〔　　〕

□ ❼ 大正末期から昭和十年頃にかけて広まったもので、従来の常識的なリアリズムを排して、斬新な文体と表現技巧で人間や生活を個性的に描いた。〔　　〕

□ ❽ 昭和二十年代前半に広まったもので、敗戦まで支配していた権威や秩序の空しさを示し、反俗的な姿勢で風刺的な作品を書いた。〔　　〕

（
イ 新現実主義　　ロ 浪漫主義《ろまんしゅぎ》　　ハ 写実主義
ニ 自然主義　　ホ 新感覚派　　ヘ 耽美派《たんびは》
ト 白樺派　　チ 無頼派《ぶらいは》
）

問2　次の❶～❻の文芸用語の内容に該当する名称を、後の語群イ～への中から選び、記号で答えなさい。

□❶　明治になってから西洋の詩の形式を取り入れて作った、新風の詩。（　　）

□❷　形式にとらわれずに現代語で表現された詩。（　　）

□❸　多くは民族などの社会集団の歴史的事件、特に英雄の事跡などをうたい上げた詩。（　　）

□❹　詩であることが明らかにわかるような文体、技巧、表現法などを用いることなく、普通の文章の形で書かれた詩。（　　）

□❺　古い時代の言葉で書かれ、一定の形式で書かれている詩。（　　）

□❻　個人の深い内面的な感情を短く主観的に表現した詩。（　　）

イ　叙事詩	ロ　抒情詩	ハ　新体詩
ニ　散文詩	ホ　文語定型詩	ヘ　口語自由詩

問3　次の修辞法の意味として最も適当なものを後のイ～ホの中から、その例文として最も適当なものを後のa～eの中から選び、それぞれ記号で答えなさい。

	意味	例文
□❶　直喩法	（　　）	（　　）
□❷　隠喩法	（　　）	（　　）
□❸　擬人法	（　　）	（　　）
□❹　擬態語	（　　）	（　　）
□❺　擬音語	（　　）	（　　）

【意味】

イ　物事の状態・身振りを、それらしく表した語。

ロ　「ごとし」「ようだ」などの語句を用いずにたとえるもの。

ハ　人間でないものを、人間に見立てて表現するもの。

ニ　「ような」「たとえば」などの語を添えてたとえるもの。

ホ　自然界の物事の音を字句で表した語。

【例文】

a　彼女は街中をふらふらと歩いた。

b　月が悲しそうに泣いていた。

c　りんごのようなほっぺ。広きこと海のごとし。

d　雷がゴロゴロと鳴った。

e　物知りの少年は歩く辞書と呼ばれた。

25 現代文の基礎知識〈慣用的表現〉

問1　次の言葉の意味として最も適当なものを、下のイ～ヌから選び、記号で答えなさい。

(A)

- ❶矜持（きょうじ）〔　〕
- ❷畢竟（ひっきょう）〔　〕
- ❸未曾有（みぞう）〔　〕
- ❹埒外（らちがい）〔　〕
- ❺十八番（おはこ）〔　〕
- ❻等閑視（とうかんし）〔　〕
- ❼夙に（つとに）〔　〕
- ❽濫觴（らんしょう）〔　〕
- ❾桎梏（しっこく）〔　〕
- ❿遜色（そんしょく）〔　〕

イ今まで一度もないこと。
ロなおざりにすること。
ハ始まり。起源。
ニ範囲ではないこと。
ホ見劣り。
ヘ得意とする芸。
ト早くから。
チ束縛するもの。
リ自負。プライド
ヌ結局。最終的に。

(B)

- ❶地団駄《じだんだ》を踏む〔　〕
- ❷高《たか》を括《くく》る〔　〕
- ❸琴線《きんせん》に触れる〔　〕
- ❹正鵠《せいこく》を射る〔　〕
- ❺久闊《きゅうかつ》を叙す〔　〕
- ❻鎬《しのぎ》を削る〔　〕
- ❼憂《う》き身をやつす〔　〕
- ❽一矢《いっし》を報いる〔　〕
- ❾気のおけない〔　〕
- ❿寄る辺《べ》ない〔　〕

イあなどったりみくびったりする。
ロごぶさたの挨拶をする。
ハ感動する。
ニ苦労を忘れて物事に熱中する。
ホたよりとするところがない。
ヘ遠慮がなく、うちとけている。
ト相手の攻撃にやり返す。
チ物事の要点を突いている。
リくやしがる。
ヌ競争する。

問2　次の空欄を補うのに最も適当な語を、後のイ〜ヨの中から一つずつ選び、記号で答えなさい。

❶民衆の抵抗にあい、軍隊は撤退を〔　　〕（仕方なく）なくされた。

❷二人は〔　　〕（心の底から親しい）相照らす仲になった。

❸問題集の販売促進に協力するに〔　　〕（協力を惜しまない）ではない。

❹妻が夫に虐待された例は〔　　〕（数えきれないほどだ）に暇《いとま》がない。

❺被災地の悲惨な様子は〔　　〕（言葉にできないほどである）しがたいものであった。

❻子供の進学問題について〔　　〕（さかんにしゃべる様子）泡をとばして議論する。

❼徹夜で考えた解決策が〔　　〕（価値のないものとして相手にされない）に付されて不満を抱く。

❽副知事は疑惑に対して〔　　〕（むきになる）になって反論する。

❾巧打者の彼は足が速いという点でも〔　　〕（人にまけない）に落ちない。

❿社長の〔　　〕（激しい怒り）にふれた彼はクビになった。

⓫僕はあいつのことなど〔　　〕（相手にしない・問題にしない）にもかけていない。

⓬近頃では小さな子供までが〔　　〕（世の中の実情をよく知り立ちまわる）にたけている。

⓭対象の〔　　〕（〜にかかわらず）を問わず精緻に写し出すのが写生である。

⓮定職を持たない彼は日雇いの仕事で〔　　〕（やっとのことで生活してゆく）を凌《しの》いでいる。

⓯傲慢な彼を公衆の面前でやり込めて〔　　〕（不平不満が解消されすっきりする）を下げた。

イ　名状	ロ　歯牙	ハ　余儀
ニ　世故	ホ　躍起	ヘ　如何《いかん》
ト　人後	チ　枚挙	リ　吝《やぶさ》か
ヌ　口角	ル　糊口《ここう》	ヲ　一笑
ワ　肝胆	カ　溜飲《りゅういん》	ヨ　逆鱗

26 現代文の基礎知識〈ことわざ・故事成語〉

問1 次の空欄□を補うのに最も適当なものを、後のイ～ヌの中から選び、成語を完成させなさい。

(A)

❶焦眉の□（　　）（さしせまった危難急務）

❷三顧の□（　　）（人に仕事を頼むために礼儀を尽くすこと）

❸蟷螂《とうろう》の□（　　）（自分の力を顧みず強敵に立ち向かうこと）

❹他山の□（　　）（自分の修養に役立つ他人の言動）

❺塞翁が□（　　）（人間の運命のはかり知れないこと）

❻□合の衆（　　）（規律も統一もない大勢の寄り集まり）

❼□夫の利（　　）（他人の争いに乗じて利益を収めること）

❽□嶺の花（　　）（眺めるだけで手に取ることのできないもの）

❾□牙の塔（　　）（俗世を逃れ学問の世界に浸ろうとする境地）

❿□天の霹靂《へきれき》（　　）（突然起こった異変、または大事件）

（イ 斧　ロ 象　ハ 馬　ニ 烏
ホ 漁　ヘ 急　ト 石　チ 礼
リ 青　ヌ 高）

(B)

❶紺屋の□袴（　　）（他人のことで忙しくて、自分のことをする暇のないこと）

❷九牛の□毛（　　）（多数の中のごく少数）

❸五十歩□歩（　　）（本質的にはほとんど同じだ）

❹水□の交わり（　　）（主君と家来の切っても切れない交際）

❺刎□の交わり（　　）（生死をともにするほどの親しい交際）

❻人□に膾炙《かいしゃ》する（　　）（広く世間の評判になる）

❼春□に富む（　　）（年が若く前途が洋々としている）

❽君子は□変す（　　）（君子は過ちをただちに改める）

❾虎の威を借る□（　　）（他の権威をかさに着ていばるつまらない人）

❿前門の虎、後門の□（　　）（一つの災難をのがれるとすぐ他の災難にあうこと）

（イ 秋　ロ 白　ハ 百　ニ 狼
ホ 口　ヘ 魚　ト 頸　チ 一
リ 豹　ヌ 狐）

問2　次のことわざ・成語の意味として最も適当なものを、イ〜ヌの中から選び、記号で答えなさい。

(A)

☐❶ごまめの歯ぎしり〔　　〕
☐❷青菜に塩〔　　〕
☐❸餅は餅屋〔　　〕
☐❹のれんに腕おし〔　　〕
☐❺馬の耳に念仏〔　　〕
☐❻猫をかぶる〔　　〕
☐❼頂門の一針〔　　〕
☐❽背水の陣〔　　〕
☐❾三つ子の魂百まで〔　　〕
☐❿あばたもえくぼ〔　　〕

イ決死の覚悟で事に当たること。
ロうちしおれて元気がないさま。
ハ本性を隠して、うわべはおとなしく見せかける。
ニせっかくの忠告が聞き入れられず無駄になる。
ホ好意をもって見れば欠点も美点になる。
ヘ力量のない者がむやみにくやしがる。
ト人にはそれぞれ専門がある。
チ少しも手ごたえがない。
リ幼時に培われた性格は年をとっても変わらない。
ヌ痛烈で適切ないましめ。

(B)

☐❶かわいい子には旅をさせよ〔　　〕
☐❷情けは人の為《ため》ならず〔　　〕
☐❸渡る世間に鬼はなし〔　　〕
☐❹袖摺《す》りあうも他生《たしょう》の縁〔　　〕
☐❺人間《じんかん》到る処に青山あり〔　　〕
☐❻李下に冠を正さず〔　　〕
☐❼朱に交われば赤くなる〔　　〕
☐❽羹《あつもの》に懲りて膾《なます》を吹く〔　　〕
☐❾井の中の蛙《かわず》大海を知らず〔　　〕
☐❿枯れ木も山の賑わい〔　　〕

イ大望を遂げるために郷里を出て大いに活動すべきだ。
ロ子供の将来のために旅をさせて苦労を体験させた方がよい。
ハちょっとした出来事も前世の深い因縁による。
ニ人間はつきあう人によって良くも悪くもなる。
ホ世間知らずで見聞が狭い。
ヘ人に情けをかけておけば、必ずそのよい報いが自分に返ってくるものだ。
ト一度失敗したのにこりて用心しすぎる。
チ他人から疑いを招くような行為はするな。
リ世間は無情なようだが、情けのある人はどこにもいるものだ。
ヌつまらないものでもないよりはましだ。

27 現代文の基礎知識〈四字熟語1〉

問1 次の四字熟語の意味として最も適当なものを、イ～ヌから選び、記号で答えなさい。

(A)

- ❶夏炉冬扇（　）
- ❷春風駘蕩《たいとう》（　）
- ❸汗牛充棟（　）
- ❹荒唐無稽（　）
- ❺曲学阿世（　）
- ❻牽強付会（　）
- ❼隔靴掻痒《そうよう》（　）
- ❽自家撞着（　）
- ❾酔生夢死（　）
- ❿天真爛漫（　）

イ言うことがでたらめで根拠のないこと。
ロ真理にそむいた学問で時勢にへつらうこと。
ハ春の景色ののどかなさま。人柄がおだやかであること。
ニ時節に合わないで、役に立たないもののたとえ。
ホ思い通りにいかず、もどかしいこと。
ヘ一人の言動が、前と後とでつじつまが合わないこと。
ト蔵書が非常に多いこと。
チ自分の都合のいいように強引に理屈をこじつけること。
リ性質・言動が飾り気のないこと。
ヌ何もせずにいたずらに一生を終えること。

(B)

- ❶則天去私（　）
- ❷朝令暮改（　）
- ❸天衣無縫（　）
- ❹一期一会（　）
- ❺金科玉条（　）
- ❻波乱万丈（　）
- ❼泰然自若（　）
- ❽臥薪嘗胆《がしんしょうたん》（　）
- ❾安心立命（　）
- ❿無為自然（　）

イ一生に一度限りであること。
ロ天命をさとり、心が迷わないこと。
ハ変化が激しく劇的であること。
ニこれ以上ない大切なきまり。
ホ目的達成のために長い間苦労すること。
ヘ小さな私を去って自然にゆだねて生きること。
ト法令、命令がしきりに変わって一定しないこと。
チ手を加えないであるがままの状態であること。
リ技巧のあとがなく完全無欠なこと。
ヌゆったりとして落ち着いているさま。

問2 次の□に適当な語を補って四字熟語を完成し、またその意味として適当なものを、イ〜ヌの中から選び、記号で答えなさい。

(A)

❶ 一知□解（　）
❷ 一念□起（　）
❸ 一□帯水（　）
❹ 朝三□四（　）
❺ 四面楚□（　）
❻ 異□同音（　）
❼ □田引水（　）
❽ 言語道□（　）
❾ 自□自得（　）
❿ 本□転倒（　）

イ あることを成し遂げようと決心すること。
ロ 大切なことと、そうでないことを混同すること。
ハ 周囲すべて敵で孤立無援なこと。
ニ 自分でやったことの報いを自分で受けること。
ホ 物事の理解のしかたが中途半端なこと。
ヘ 目先の差にこだわって、結果が同じになるのを知らないこと。
ト 二つのものの間が非常に狭いこと。
チ もってのほかであること。
リ 多くの人が皆そろって同じことを言うこと。
ヌ 自分の都合のいいように計らうこと。

(B)

❶ 呉越同□（　）
❷ 付和□同（　）
❸ □中模索（　）
❹ 奇想□外（　）
❺ □小棒大（　）
❻ 五里□中（　）
❼ 傍若□人（　）
❽ 支離□裂（　）
❾ 率先垂□（　）
❿ 勧善□悪（　）

イ わけもなく他人の説に賛成すること。
ロ よい行いを励まし、悪い行いをこらしめること。
ハ 仲の悪い者同士が一つ所にいること。
ニ 先に立ってみんなに手本を示すこと。
ホ 物事をおおげさに言うこと。
ヘ 迷って、見込や方針などが立たないこと。
ト 人前をはばからず、勝手気ままにふるまうこと。
チ ばらばらで筋道の立たないこと。
リ 思いもよらないような不思議なこと。
ヌ 手がかりもないままに、あれこれとやってみること。

27 現代文の基礎知識〈四字熟語2〉

問1 次の□に入る語を補って四字熟語を完成させなさい。

❶意□軒昂（　　　）（意気込みが盛んなさま）
❷危機一□（　　　）（今にも危うい事が起こりそうな状態）
❸疑心暗□（　　　）（なんでもないことが恐ろしくなり不安になること）
❹□世済民（　　　）（世を治め、民の苦しみを救うこと）
❺厚□無恥（　　　）（厚かましく恥を知らないこと）
❻用意□到（　　　）（用意が十分にととのって手抜かりのないこと）
❼絶□絶命（　　　）（どうしても逃れることのできない困難な状態）
❽同□異曲（　　　）（見た目は異なるが内容は似たり寄ったりであること）
❾粒々□苦（　　　）（こつこつと努力すること・並み並みでない苦労）
❿二律□反（　　　）（同じ程度に正しいと思われる二つの命題が互いに矛盾して両立しないこと）

問2 次の四字を正しく組み合わせて四字熟語を完成させなさい。

❶腹・従・背・面（　　　）（表面は従うように見せかけて、内心では反抗すること）
❷乾・一・擲・坤（　　　）（運命をかけて大きな勝負をすること）
❸往・左・右・往（　　　）（秩序なくあちらに行ったりこちらに行ったりすること）
❹骨・換・胎・奪（　　　）（人の詩文の形式などを換え自分のものにすること）
❺来・土・重・捲（　　　）（一度敗れたものが再び勢いを盛り返してくること）
❻色・巧・言・令（　　　）（上手な物言いと、あいそのよい顔つき）
❼横・縦・尽・無（　　　）（思うままなふるまうこと）
❽肉・頭・狗・羊（　　　）（見せかけと実物とが一致しないこと）
❾目・目・八・岡（　　　）（関係のない者には、かえって物事の是非がよくわかること）
❿口・後・牛・鶏（　　　）（大きな集団で人の下についているよりも、小さな集団の上となった方がよい）

問3　次の文中のカタカナを適当な漢字に直し、四字熟語を完成させなさい。

☐ ❶ 予選の一回戦敗退に全校生徒が意気ショウチンした。〔　　　〕（元気を失ってしょげること）

☐ ❷ キショウ転結の整った文章はやはり読みやすい。〔　　　〕（文章や物事の組み立て）

☐ ❸ 久しぶり訪れた故郷はキュウタイ依然としていた。〔　　　〕（昔のままで、進歩・発展のないさま）

☐ ❹ 彼は幸運にも才色ケンビの女性をみつけて結婚した。〔　　　〕（すぐれた能力と美しい容貌を兼ねそなえていること）

☐ ❺ 科学はシンラ万象、あらゆるものを研究対象とする。〔　　　〕（この世のすべてのもの）

☐ ❻ 鼠小僧次郎吉の犯行は電光セッカの早業であった。〔　　　〕（きわめて短い時間または非常に敏速な動作のたとえ）

☐ ❼ 大統領の当意ソクミョウな返答に感嘆の声がもれた。〔　　　〕（その場にふさわしく、即座に機転を働かせること）

☐ ❽ 夫のユウジュウ不断な態度に妻は愛想をつかした。〔　　　〕（ぐずぐずして決断の鈍いこと）

☐ ❾ チームの前半の善戦も結局は竜頭ダビに終わった。〔　　　〕（始めは勢いが盛んで、終わりはふるわないこと）

☐ ❿ 結婚して三十年、互いの気持ちはイシン伝心でわかる。〔　　　〕（言葉に頼らず、互いの心から心に伝えること）

☐ ⓫ 私に文句があるのなら、タントウ直入に言いなさい。〔　　　〕（前置きなしに、ただちに本題に入ること）

☐ ⓬ サンシ水明の土地でゆっくりと余生を送りたいものだ。〔　　　〕（山水の風景の美しく清らかなこと）

☐ ⓭ 被告人は最後まで喜怒アイラクを露《あら》わにしなかった。〔　　　〕（喜びと怒りと悲しみと楽しみ）

☐ ⓮ 地震が起きた時にはリンキ応変の行動が要求される。〔　　　〕（その場に臨んで物事を適当に処理すること）

☐ ⓯ 国連軍は平和維持をタイギ名分として駐留している。〔　　　〕（誰も文句のつけようがない立派な理由）

☐ ⓰ 彼は終了間際に起死カイセイのシュートを放った。〔　　　〕（危機的な状況を一気によい方向に立て直すこと）

☐ ⓱ カジン薄命なんて、君には関係ないから心配するな。〔　　　〕（美人には悲運・短命な人が多いというわれ）

☐ ⓲ 向上心のない者には、何を言っても馬耳トウフウだ。〔　　　〕（人の意見・批評などを聞き流して心にかけないこと）

☐ ⓳ 両国の国境線では一触ソクハツの状態が続いている。〔　　　〕（ちょっと触れれば爆発しそうな危機に直面した状態）

☐ ⓴ 紆余キョクセツを経て、わが社の中国進出が決定した。〔　　　〕（こみいった事情でいろいろ変化すること）

28 現代文の基礎知識〈語句の意味1〉

問 次の語句の意味として最も適当なものを、各群①～⑤の中から、それぞれ一つずつ選びなさい。

☐ ❶ 唐突な
① 悲痛な
② 不意の
③ 早口の
④ 過去の
⑤ 奇妙な

☐ ❷ 意趣返し
① 挑発
② 配慮
③ 説教
④ 報復
⑤ 予言

☐ ❸ たたずまい
① きもち
② いごこち
③ におい
④ しずけさ
⑤ ありさま

☐ ❹ 気を呑《の》まれて
① 圧倒されて
② 驚きあきれて
③ 無我夢中で
④ 引き込まれて
⑤ 不審に思って

☐ ❺ 余念なく
① のんびりと
② ぼんやりと
③ 無造作に
④ 熱心に
⑤ 慎重に

☐ ❻ おしなべて
① ぼかして
② 推し量って
③ 隠して
④ 総じて
⑤ ひらたく言って

□ ❼ 閉口した

①悩み抜いた
②がっかりした
③押し黙った
④考えあぐねた
⑤ほとほと困った

□ ❽ 難物

①理解しがたい人
②頭のかたい人
③心のせまい人
④扱いにくい人
⑤気のおけない人

□ ❾ あいにく

①奇妙なことに
②間が悪いことに
③もどかしいことに
④うまい具合に
⑤いつものように

□ ❿ 凛《りん》とした声

①高圧的なはっきりした声
②冷たくつんとすました声
③大きく響き渡る声
④堂々として落ち着いた声
⑤きりりと引き締まった声

□ ⓫ 端的に

①手短にはっきりと
②生き生きと言葉のはしばしに
③余すところなく確実に
④わかりやすく省略して
⑤あざやかに際立たせて

□ ⓬ 怪訝《けげん》な

①落ち着かないというような
②恐怖で怯《おび》えているような
③興味が持てないというような
④自信がないというような
⑤訳がわからないというような

□ ⓭ 心得顔

①何かたくらんでいそうな顔つき
②扱いなれているという顔つき
③いかにも善良そうな顔つき
④事情をわかっているという顔つき
⑤何となく意味ありげな顔つき

□ ⓮ 固唾《かたず》を呑んで

①声も出ないほど恐怖に怯えながら
②何もできない無力さを感じながら
③張りつめた様子で心配しながら
④驚きと期待を同時に抱きながら
⑤緊張した面持ちで不快に思いながら

28 現代文の基礎知識

〈語句の意味2〉

問 次の語句の意味として最も適当なものを、各群①〜⑤の中から、それぞれ一つずつ選びなさい。

☐ ❶ 踏ん切り
① おさまり
② 決心
③ 思案
④ はずみ
⑤ 道筋

☐ ❷ 辟易《へきえき》し
① うんざりし
② 気分を害し
③ 恥じ入り
④ ふるえあがり
⑤ 責任を感じ

☐ ❸ いぶかしげに
① 不審そうに
② 気の毒そうに
③ 迷惑そうに
④ 気味悪そうに
⑤ 珍しそうに

☐ ❹ 酔狂
① 怠け者
② 物好き
③ あまのじゃく
④ 目立ちたがりや
⑤ お調子者

☐ ❺ 難渋《なんじゅう》し
① ふさぎこみ
② 不満をもち
③ 悔しがり
④ 困り果て
⑤ 開き直り

☐ ❻ たかの知れた
① 大したことのない
② 緊張感のない
③ 訳のわからない
④ 理解の及ばない
⑤ 何の価値もない

☐ ❼ 無鉄砲に

① 何の秩序もなく
② 前後の脈絡もなく
③ 何の危険もなく
④ 前後の見さかいもなく
⑤ 何の心配もなく

☐ ❽ しゃにむに

① 苦しまぎれに
② がむしゃらに
③ しかたなく
④ 思いっきり
⑤ 所かまわず

☐ ❾ 吹聴する

① じっくりと言い聞かせる
② だれかれとなく言いふらす
③ むやみやたらと言い張る
④ あらためて言い直す
⑤ ゆがめて言い伝える

☐ ❿ 耳をそばだたせる

① 脅威を感じさせる
② 疑問を呼びおこす
③ 悪意を感じさせる
④ 注意を向ける
⑤ 不審を抱かせる

☐ ⓫ 理不尽な

① 尽きることのない
② 理解できない
③ 道理に合わない
④ きわめて不幸な
⑤ 不満だらけの

☐ ⓬ 反芻《はんすう》してみる

① 心の中でつぶやいてみる
② はっきりと想像してみる
③ 繰り返し考えてみる
④ 過去の事と照合してみる
⑤ 心の底から反省してみる

☐ ⓭ 鼻白《はなじろ》んだ

① あきらめの表情をした
② 気持ちの整理をつけた
③ 興覚めした様子をした
④ こみあげる怒りを静めた
⑤ 視線をさっとそらした

☐ ⓮ 殊勝な

① 負けずぎらいで勝ち気な
② しっかりしていて健気《けなげ》な
③ なりふりかまわず懸命な
④ 古風で献身的な
⑤ 礼儀正しく優美な

29 現代文の基礎知識〈文法〉

問1 次の例文❶～❾の太字の語と同じ意味・用法の語を含む例文を選び、記号で答えなさい。

☐❶彼はけっして若くない。
イ 桜の花はまだ咲かない。
ロ これは全くおもしろくない本だ。
〔　　〕

☐❷彼は健康的な生活を送っている。
イ 僕らは大きな栗の木の下で遊ぶ。
ロ 穏やかな日曜日がやって来た。
ハ 暑さをしのげそうな場所を探そう。
〔　　〕

☐❸姉はコンサートに出るらしい。
イ どうやらあれが予備校の建物らしい。
ロ 僕は勉強らしい勉強をしていない。
ハ こんなに寒い日が続くなんてめずらしい。
〔　　〕

☐❹川は今にも氾濫しそうだ。
イ 彼女の妹もかわいいそうだ。
ロ 今は夏でもスキーが出来るそうだ。
ハ 晴れているので富士山が見えそうだ。
〔　　〕

☐❺赤ん坊の笑顔は天使のようだ。
イ 彼のように真面目な人はいない。
ロ 外で鳴いているのは雲雀《ひばり》のようだ。
ハ 彼は風のようにゴールを駆け抜けた。
〔　　〕

☐❻彼の仕事は危なくて見ていられない気がする。
イ 犬のポチは母にほめられて嬉しそうだ。
ロ 先生が教室に入って来られる。
ハ 子供の行く末が案じられる。
ニ この車なら荷物は全部乗せられる。
〔　　〕

□ ❼ 私は受験勉強で忙しい。

イ 平和で豊かな社会を作ろう。

ロ これはゴジラで、あれはモスラだ。

ハ 「お〜い」と呼んではみたが返事がない。

ニ 彼のおかげで私は助かった。

〔　〕

□ ❽ 彼の言うことにも一理ある。

イ 祖母の亡くなる前は祖父も元気だった。

ロ これは僕のパソコンだ。

ハ これ以上話すのはやめた方がいい。

ニ あなたは勉強だけしていればいいの。

〔　〕

□ ❾ これはとても有名な本だ。

イ コンドルは悠々と空を飛んだ。

ロ 彼女の胃は恐ろしく丈夫だ。

ハ ウルトラマンは強いのだ。

ニ 父の怒る顔が目に浮かぶようだ。

〔　〕

問2 次の各文章❶〜❹の太字の語と同じ意味・用法の語を、1〜4の中から選び、記号で答えなさい。

□ ❶ 春にならないと桜の花は咲か[1]ない。春になっても暖か[2]くないとやはりダメだ。花の[3]ない春なんて私は想像した[4]くない。

〔　〕

□ ❷ 豪快な波を受けてサーフィンをする。[1]そんなひと時が僕にはとても[2]貴重だ。[3]小さな蟹と戯れると、時が止まって感じられ[4]そうだ。

〔　〕

□ ❸ 枯れ葉の雨に降られながら並木道を抜け、図書館へ急ぐ。今日は先生も来[1]られるらしい。ここに来ると本も見[2]られるし本が好きだった父のことも思い出さ[3]れる。感慨にふけっていると後ろから声をかけ[4]られた。

〔　〕

□ ❹ 雪が降るのを眺めていたら、ふいに外へ出たくなった。寒そうにしていた我が家[1]の犬は、元気[2]のいい私を見て怪《け》訝《げん》そうな顔をしている。雪は白い[3]のがいい。足跡も心の重みも少しずつそ[4]の色に溶けて行く。

〔　〕

30 現代文の基礎知識〈部首・画数・構成〉

問1 次の漢字について、部首名を後のイ〜ヰの中から選び、また総画数を記しなさい。

	漢字	部首名	画数
❶	遺	（　）	（　）
❷	廃	（　）	（　）
❸	惜	（　）	（　）
❹	勘	（　）	（　）
❺	沿	（　）	（　）
❻	科	（　）	（　）
❼	到	（　）	（　）
❽	訴	（　）	（　）
❾	胸	（　）	（　）
❿	疾	（　）	（　）
⓫	衝	（　）	（　）
⓬	撤	（　）	（　）
⓭	陶	（　）	（　）
⓮	慰	（　）	（　）
⓯	照	（　）	（　）
⓰	属	（　）	（　）
⓱	禍	（　）	（　）
⓲	匠	（　）	（　）
⓳	緩	（　）	（　）
⓴	敏	（　）	（　）
㉑	歓	（　）	（　）
㉒	獲	（　）	（　）
㉓	邪	（　）	（　）
㉔	頭	（　）	（　）
㉕	傷	（　）	（　）

イ　にんべん　　ロ　てへん
ハ　さんずい　　ニ　しんにゅう
ホ　にくづき　　ヘ　いとへん
ト　しかばね　　チ　けものへん
リ　まだれ　　ヌ　しめすへん
ル　りきづくり　　ヲ　れっか
ワ　はこがまえ　　カ　こざとへん
ヨ　おおがい　　タ　りっしんべん
レ　したごころ　　ソ　やまいだれ
ツ　ぼくにょう　　ネ　ゆきがまえ
ナ　ごんべん　　ラ　あくび
ム　のぎへん　　ウ　りっとう
ヰ　おおざと

問2　次の熟語の構造として最も適当なものを後のイ～ホの中から選び、記号で答えなさい。

☐ ❶ 入念（　　）
☐ ❷ 怒髪（　　）
☐ ❸ 美麗（　　）
☐ ❹ 悲観（　　）
☐ ❺ 作文（　　）
☐ ❻ 天授（　　）
☐ ❼ 急速（　　）
☐ ❽ 登山（　　）

イ　主語・述語の関係。
ロ　修飾語・被修飾語の関係で、副詞が動詞を修飾する。
ハ　修飾語・被修飾語の関係で、動詞が名詞を修飾する。
ニ　並列の関係で、意味の類似した字を重ねる。
ホ　述語・目的語（補語）の関係。

問3　次の熟語の読み方は、後のイ～ニの中のどれにあたるか。記号で答えなさい。

☐ ❶ 消印（　　）
☐ ❷ 素顔（　　）
☐ ❸ 身分（　　）
☐ ❹ 快哉（　　）
☐ ❺ 役場（　　）
☐ ❻ 古稀（　　）
☐ ❼ 仕業（　　）
☐ ❽ 雪空（　　）
☐ ❾ 客間（　　）
☐ ❿ 横穴（　　）

イ　音読み（音・音）
ロ　訓読み（訓・訓）
ハ　重箱《じゅうばこ》読み（音・訓）
ニ　湯桶《ゆとう》読み（訓・音）

問4　次の熟語の読みを答えなさい。

☐ ❶ 老舗（　　）
☐ ❷ 固唾（　　）
☐ ❸ 雑魚（　　）
☐ ❹ 時雨（　　）
☐ ❺ 時化（　　）
☐ ❻ 提灯（　　）
☐ ❼ 長閑（　　）
☐ ❽ 言質（　　）
☐ ❾ 黄昏（　　）
☐ ❿ 流石（　　）
☐ ⓫ 松明（　　）
☐ ⓬ 欠伸（　　）
☐ ⓭ 椿事（　　）
☐ ⓮ 暖簾（　　）
☐ ⓯ 白湯（　　）

チェックテスト F

1 社会の悪をジョウカする。

2 コントンとした状況。

3 平和のショウチョウ。

4 フヘン的な真理の追究。

5 ムジュンを解消する。

6 相対の対義語は？

7 分析の対義語は？

8 演繹の対義語は？

9 需要の対義語は？

10 周縁の対義語は？

11 逆説にあたる外来語は？

12 動機にあたる外来語は？

13 範疇にあたる外来語は？

14 虚構にあたる外来語は？

15 自己同一性にあたる外来語は？

16 反語にあたる外来語は？

17 明治20年頃に現実をありのままに描こうとした流派の名前は？

18 明治20年代に恋愛や芸術の絶対性を主張した流派の名前は？

19 明治の末年に赤裸々な自己告白を通じて人間を描いた流派の名前は？

20 たたずまいの意味は？

①きもち　②いごこち
③におい　④しずけさ
⑤ありさま

21 端的にの意味は？

①はっきりと　②生き生きと
③確実に　④省略して
⑤あざやかに

22 唐突なの意味は？

①悲痛な　②不意の
③早口の　④過去の
⑤奇妙な

23 辟易しの意味は？

①うんざりし　②恥じ入り
③気分を害し　④震えあがり
⑤責任を感じ

24 しゃにむにの意味は？

①苦し紛れに　②がむしゃらに
③しかたなく　④思いっきり
⑤所かまわず

得点

／50

25 矜持の読み方は？

26 畢竟の読み方は？

27 十八番の読み方は？

28 マイキョに暇《いとま》がない。

29 イッショウに付す。

30 焦眉の□

31 他山の□

32 高嶺の□

33 紺屋の□袴

34 人□に膾炙する

35 春□に富む

36 一知□解

37 朝三□四

38 言語□断

39 付□雷同

40 □若無人

41 疑心□鬼

42 「彼は若くはない」の「ない」の品詞は？

43 「桜の花はまだ咲かない」の「ない」の品詞は？

44 「健康的だ」の品詞は？

45 「大きな」の品詞は？

46 「彼は話題が豊かだ」の「だ」と同じ文法的性質のものは？

①雨が降りそうだ。
②客が来たようだ。
③この机は丈夫だ。
④これは文学書だ。
⑤鳥が空を飛んだ。

47 「富士山が見られる」の「られる」と同じ文法的性質のものは？

①両親のことが案じられる。
②先生は考えておられる。
③一時間で山を下りられる。
④洞穴に閉じ込められる。
⑤母にほめられる。

48 惜の部首名は？

49 陶の部首名は？

50 疾の部首名は？

Coffee break 4 対義語

現代文を読むときに役立つ対義語。

愛好—憎悪
安全—危険
遺失—拾得
異常—正常
偉人—凡人
異端—正統
一義—多義
違法—合法
韻文—散文
運動—静止
永遠—瞬間
栄転—左遷
栄誉—恥辱
演繹—帰納
遠心—求心
延長—短縮
汚染—清浄
穏健—過激

解雇—採用
開国—鎖国
解散—召集
解放—束縛
快楽—苦痛
加害—被害
架空—実在
拡大—縮小
過密—過疎
歓喜—悲哀
感性—理性
簡単—複雑
緩慢—敏速
寛容—狭量
簡略—詳細
記憶—忘却
既知—未知
義務—権利

急性—慢性
凝固—融解
強硬—軟弱
共同—単独
驕慢—謙虚
許可—禁止
虚偽—真実
勤勉—怠惰
空虚—充実
偶然—必然
具体—抽象
形式—内容
軽率—慎重
軽蔑—尊敬
原因—結果
謙虚—高慢
顕在—潜在
現実—理想
倹約—浪費
高雅—低俗
厚遇—冷遇

向上—堕落
強情—従順
興奮—冷静
興隆—滅亡
固定—浮動
雑然—整然
散在—密集
斬新—陳腐
散漫—緻密
自然—人工
質素—贅沢
主観—客観
需要—供給
順境—逆境
消極—積極
饒舌—寡黙
承諾—拒絶
抒情—叙事
自律—他律
自立—依存
進行—停止

進展—停滞
親密—疎遠
成功—失敗
生産—消費
静寂—喧騒
整頓—乱雑
精密—粗雑
絶対—相対
早熟—晩成
創造—模倣
俗語—雅語
促進—抑制
粗野—優雅
大胆—小心
多作—寡作
脱退—加入
中心—周縁
中枢—末梢
定例—臨時
統一—分裂
特殊—普遍

内包—外延
難解—平易
濃厚—希薄
能弁—訥弁
破壊—建設
舶来—国産
暴露—隠蔽
発生—消滅
反抗—服従
彼岸—此岸
被告—原告
富裕—貧困
分析—総合
膨張—収縮
保守—革新
有為—無為
楽観—悲観
利益—損失
理論—実践
冷淡—親切
老練—幼稚

相対
表象
核心
網羅
叙事
献身
寛容
遭遇
飛躍
機知
風刺
幽玄
超越

Coffee break 5 漢字の部首

①偏《へん》（左右二つに分ける時は左の部分）

部首	名称	数画	例
冫	にすい	2	凝
亻	にんべん	2	促
女	おんなへん	3	嫁
彳	ぎょうにんべん	3	徹
口	くちへん	3	嚇
犭	けものへん	3	獲
阝（左）	こざとへん	3	阻
子	こへん	3	孤
氵	さんずい	3	浸
土	つちへん	3	地
扌・手	てへん	3・4	拓
巾	はばへん	3	帳
山	やまへん	3	岐
弓	ゆみへん	3	弾
忄	りっしんべん	3	惰
牜・牛	うしへん	4	牧
王	（おうへん）たまへん	4	環
方	（かたへん）ほうへん	4	施
歹	（がつへん）かばねへん	4	殖
木	きへん	4	棺
ネ・示	しめすへん	4・5	祈
月	つきへん	4	服
月・肉	にくづき	4・6	胆
日	（ひへん）にちへん	4	暇
火	ひへん	4	煙
石	いしへん	5	破
衤・衣	ころもへん	5・6	複
立	たつへん	5	端
田	たへん	5	畔
禾	のぎへん	5	稿
目	めへん	5	眼
糸	いとへん	6	経
米	こめへん	6	粒
舟	ふねへん	6	航
耳	みみへん	6	聴
𧾷	あしへん	7	踏
貝	かいへん	7	購
車	くるまへん	7	軌
言	ごんべん	7	訴
角	つのへん	7	解
金	かねへん	8	鑑
飠・食	しょくへん	8	飽
馬	うまへん	10	騒
魚	うおへん	11	鮮
歯	はへん	12	齢

② 旁《つくり》（左右二つに分ける時は右の部分）

卩・㔾	ふしづくり	2	却
力	りきづくり	2	勘
刂	りっとう	2	到
阝（右）	おおざと	3	邪
欠	あくび	4	歓
斤	おのづくり	4	断
戈	（ほこづくり ほこがまえ）	4	戦
殳	るまた	4	殺
頁	おおがい	9	頭

③ 冠《かんむり》（上下に分ける時は上の部分）

冖	わかんむり	2	冠
宀	うかんむり	3	定
艹	くさかんむり	3	荒
尸	しかばね	3	属
穴	あなかんむり	5	窮
竹	たけかんむり	6	範
雨	あめかんむり	8	震

④ 脚《あし》（上下に分ける時は下の部分）

⺗・心	したごころ	4	恭・懸
灬	（れんが れっか）	4	照

⑤ 垂《たれ》（上から下へ垂れ下がっている部分）

厂	がんだれ	2	厚
广	まだれ	3	廃
疒	やまいだれ	5	疾

⑥ 繞《にょう》（左から下方へ更に右へまわるもの）

辶	しんにゅう	3	遺
攴・攵	（ぼくにょう ぼくづくり）	4	敏
走	そうにょう	7	起

⑦ 構《かまえ》（全体を囲むもの）

匚	はこがまえ	2	匠
囗	くにがまえ	3	因
行	（ゆきがまえ ぎょうがまえ）	6	衝
門	もんがまえ	8	閑

河合塾
SERIES

ステップアップノート30

頻出漢字と基礎知識

三訂版

―解答・解説編―

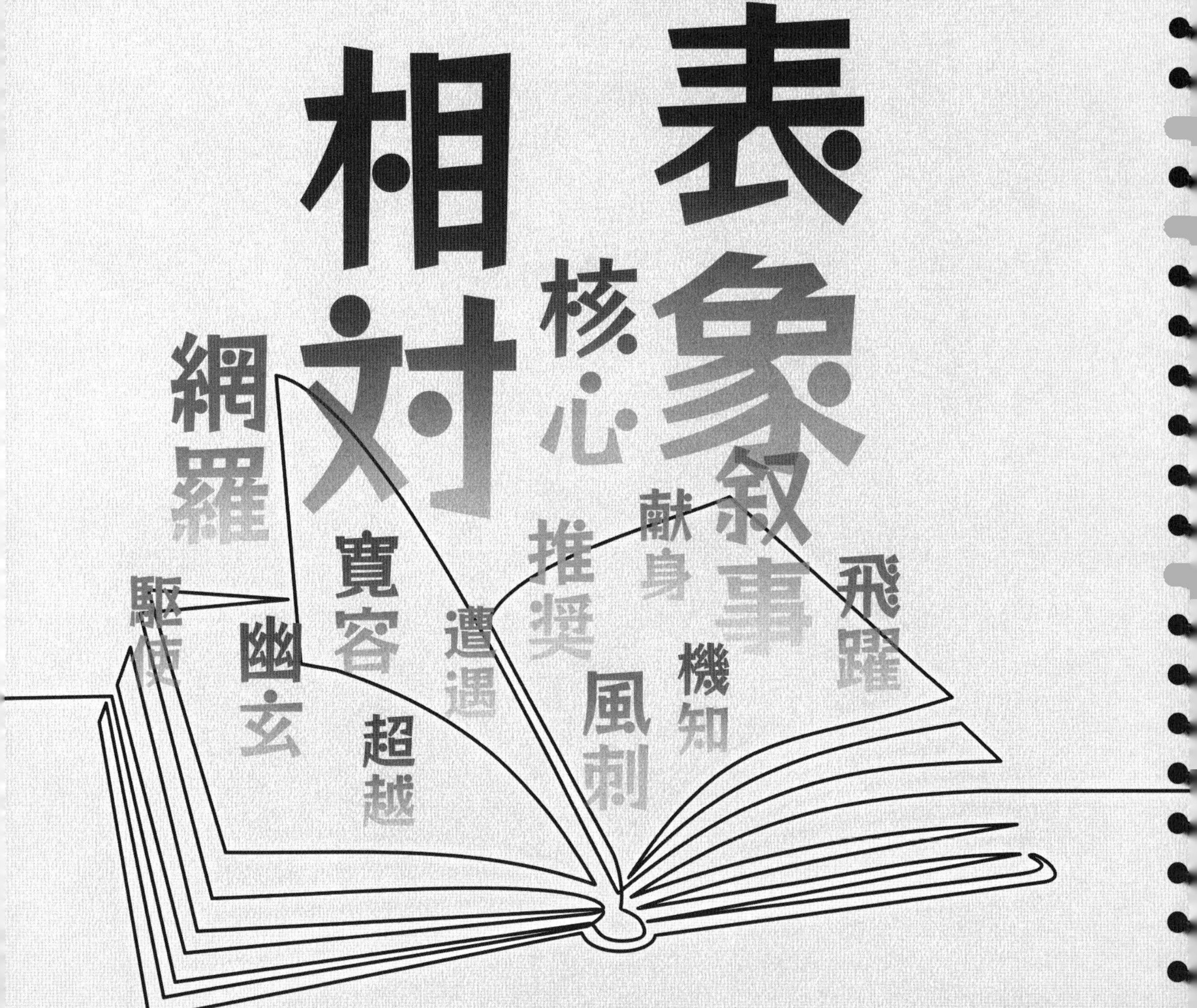

河合出版

ステップアップノート30頻出漢字と基礎知識【解答・解説】

漢字書き取り・漢字読み取り

共通テスト対策

現代文の基礎知識

1 〈書き取りにも読み取りにも出る漢字1〉……10

❶衝動 ❷繊細 ❸嫌悪 ❹執着 ❺憎悪 ❻焦燥 ❼悔恨 ❽途方 ❾畏敬 ❿執拗
⓫遺憾 ⓬好悪 ⓭嗜好 ⓮錯覚 ⓯示唆 ⓰凝視 ⓱忌避 ⓲雑踏 ⓳市井 ⓴統御
㉑踏襲 ㉒変遷 ㉓帰依 ㉔境内 ㉕精進 ㉖荘厳 ㉗会釈 ㉘素人 ㉙辞世 ㉚摂取

〈読み取り〉

❶ふぜい ❷けう ❸じょうぜつ ❹たいはい ❺ゆえん
❻ごうまん ❼すいこう ❽ちゅうちょ ❾ひしょう ❿えいごう

2 〈書き取りにも読み取りにも出る漢字2〉……12

❶納得 ❷享受 ❸忘却 ❹懸念 ❺蔑視 ❻契機 ❼把握 ❽概念 ❾折衷 ❿象徴
⓫雰囲気 ⓬陳腐 ⓭暴露 ⓮比喩 ⓯浸透 ⓰操作 ⓱喪失 ⓲破壊 ⓳抑制 ⓴遭遇
㉑成就 ㉒唯一 ㉓気配 ㉔浅薄 ㉕体裁 ㉖抹殺 ㉗曖昧 ㉘円滑 ㉙虚空 ㉚錯綜

〈読み取り〉

⓫えとく ⓬かいり ⓭しゅうれん ⓮せきりょう ⓯ぜんじ
⓰むく ⓱ゆいしょ ⓲いわゆる ⓳ごうしゃ ⓴しかん

3 〈訓読み〉……14

❶陥 ❷脅 ❸避 ❹鮮 ❺担 ❻訴 ❼刻 ❽鍛 ❾繰 ❿凝
⓫妨 ⓬飽 ⓭促 ⓮顧 ⓯拒 ⓰誘 ⓱巧 ⓲漂 ⓳図 ⓴踏
㉑営 ㉒覆 ㉓奏 ㉔際立 ㉕崩 ㉖備 ㉗費 ㉘乏 ㉙鈍 ㉚塗

〈読み取り〉

㉑じゅんしゅ ㉒すいとう ㉓せつな ㉔ふしん ㉕みぞう
㉖りんね ㉗へいぜい ㉘へんぼう ㉙はたん ㉚かて

4 〈同音異義〉……16

❶核心 ❷確信 ❸感傷 ❹干渉 ❺鑑賞 ❻関心 ❼歓心 ❽脅威 ❾驚異 ❿高尚

⓫交渉 ⓬考証 ⓭周知 ⓮衆知 ⓯受容 ⓰需要 ⓱生硬 ⓲精巧 ⓳想像 ⓴創造

㉑阻害 ㉒疎外 ㉓対照 ㉔対象 ㉕転嫁 ㉖転化 ㉗表白 ㉘漂泊 ㉙保証 ㉚保障

〈読み取り〉

㉛そち ㉜とうさく ㉝めいもう ㉞かいわい ㉟かつごう

㊱かっとう ㊲きすう ㊳けねん ㊴けはい ㊵しい

5 〈芸術〉……22

❶模倣（摸倣） ❷傑作 ❸誇張 ❹翻訳 ❺洗練 ❻典型 ❼陶酔 ❽含蓄 ❾情緒 ❿粉飾

⓫感興 ⓬旋律 ⓭虚構 ⓮珠玉 ⓯装飾 ⓰造詣 ⓱内奥 ⓲表象 ⓳技巧 ⓴照応

㉑素材 ㉒彫刻 ㉓意匠 ㉔韻律 ㉕架空 ㉖官能 ㉗色彩 ㉘趣向 ㉙調和 ㉚模様

《参考》

❿「紛争」の「紛」との違いに注意。

⓫「興」は、「コウ」と読むときには「～が起こる」という意味になり、「キョウ」と読むときには「おもしろみ」という意味になる。

〈読み取り〉

㊶しょうどう ㊷すいこう ㊸せんぼう ㊹せんりつ ㊺ぞうお

㊻はあく ㊼ふっしょく ㊽へんげ ㊾ほっく ㊿めいせき

《参考》

㊽「ヘンカ」とも読めるが、妖怪、物の怪などの別称としては「ヘンゲ」と読む。

6 〈文化〉

❶犠牲
❷秩序
❸排除
❹逸脱
❺継承
❻超越
❼代償
❽崇高
❾系譜
❿顕現
⓫遊戯
⓬異端
⓭救済
⓮偶像
⓯啓示
⓰習俗
⓱無償
⓲信仰
⓳浄化
⓴荘重
㉑奇跡（奇蹟）
㉒儀式
㉓献身
㉔権化
㉕審判
㉖尊厳
㉗伝承
㉘遍在
㉙権威
㉚精髄

〈読み取り〉

51 りょうが
52 あんど
53 いふ
54 えんかつ
55 おうか
56 おおぎょう
57 かいぎゃく
58 かんぷ
59 きょうじん
60 ぎまん

7 〈思想〉

❶媒介
❷矛盾
❸普遍
❹分析
❺妥当
❻根拠
❼抽象
❽前提
❾肯定
❿構造
⓫包含
⓬命題
⓭仮説
⓮絶対
⓯属性
⓰思索
⓱懐疑
⓲洞察
⓳還元
⓴認識
㉑志向
㉒想起
㉓批判
㉔観念
㉕思弁
㉖探究
㉗抽出
㉘比較
㉙啓蒙
㉚類推

〈読み取り〉

61 けいけん
62 こうかつ
63 こつぜん
64 こんりゅう
65 ごういん
66 ささい
67 さつりく
68 しさい
69 しっこく
70 しゅじょう

8 〈政経〉

❶業績
❷勘定
❸報酬
❹累積
❺契約
❻能率
❼貨幣
❽企業
❾機構
❿高騰
⓫繁盛（繁昌）
⓬賠償
⓭富裕
⓮履行
⓯利潤
⓰規範
⓱拘束
⓲抑圧
⓳奴隷
⓴福祉
㉑維新
㉒解放
㉓規制
㉔変革
㉕強制
㉖抗争
㉗搾取
㉘従属
㉙官僚
㉚陰謀

〈読み取り〉

71 しょせん
72 はんすう
73 はんちゅう
74 はんらん
75 ふえん
76 へきえき
77 ほご
78 ぼうだい
79 みじん
80 るふ

9 〈社会〉……30

❶提携 ⓫抗議 ㉑撲滅
❷匿名 ⓬更迭 ㉒補償
❸排斥 ⓭疫病 ㉓滅亡
❹派遣 ⓮押収 ㉔誘致
❺違法 ⓯汚染 ㉕隷属
❻普及 ⓰寄与 ㉖庶民
❼紛争 ⓱飢餓 ㉗侵害
❽障害 ⓲偽善 ㉘振興
❾警鐘 ⓳虐待 ㉙制御
❿啓発 ⓴弊害 ㉚聴衆

《参考》

㉒「補償」は4の㉙「保証」㉚「保障」との違いを確認しておこう。

〈読み取り〉

81 たか　86 あいにく
82 た　87 ねつぞう
83 かんせい　88 は
84 きょうもん　89 ざんし
85 あいとう　90 いかく

10 〈生活〉……36

❶生涯 ⓫孤立 ㉑恩恵
❷貢献 ⓬虚偽 ㉒渦中
❸堕落 ⓭消息 ㉓関与
❹錯誤 ⓮容貌 ㉔機縁
❺境遇 ⓯疎通 ㉕詐欺
❻紹介 ⓰誕生 ㉖姿勢
❼享楽 ⓱功績 ㉗趣味
❽遍歴 ⓲作為 ㉘清潔
❾交渉 ⓳招待 ㉙成熟
❿克服 ⓴非難 ㉚脅威

《参考》

❻の「紹介」の「紹」と⓳の「招待」の「招」を間違えないようにしよう。

〈読み取り〉

91 わいきょく　96 あんのん
92 あがな　97 いぎょう
93 あきら　98 いたずら
94 あざむ　99 いちまつ
95 あんぎゃ　100 いろど

11 〈思考〉……38

❶指摘 ⓫共鳴 ㉑脳裏(脳裡)
❷記憶 ⓬無視 ㉒黙殺
❸顧慮 ⓭模索 ㉓異議
❹吟味 ⓮確認 ㉔憶測(臆測)
❺意図 ⓯疑念 ㉕過信
❻没頭 ⓰後悔 ㉖希求
❼考慮 ⓱誤解 ㉗傾聴
❽回顧 ⓲掌握 ㉘推測
❾熟知 ⓳承認 ㉙等閑
❿妄想 ⓴念頭 ㉚偏向

〈読み取り〉

101 いんぺい　106 おんちょう
102 うじょう　107 かいこう
103 おうのう　108 から
104 お　109 かんまん
105 おびただ　110 きぐ

12 〈心理1〉……40

❶郷愁 ❷偏狭 ❸深刻 ❹傾倒 ❺可憐 ❻怠惰 ❼動揺 ❽残酷 ❾苦悩 ❿困惑
⓫敏感 ⓬未練 ⓭無邪気 ⓮賢明 ⓯感銘 ⓰機微 ⓱凡庸 ⓲感得 ⓳敬遠 ⓴真剣
㉑我慢 ㉒自負 ㉓冷淡 ㉔遠慮 ㉕頑固 ㉖軽率 ㉗拘泥 ㉘辛抱 ㉙苦渋 ㉚心酔

〈読み取り〉
111 きさらぎ 112 きゅうかく 113 きょうさ 114 くどく 115 くめん
116 くわだ 117 けいがい 118 けいべつ 119 げさく 120 こうし

13 〈心理2〉……42

❶覚悟 ❷慎重 ❸感慨 ❹鋭敏 ❺好奇心 ❻恐怖 ❼率直 ❽興味 ❾幼稚 ❿期待
⓫大胆 ⓬敢然 ⓭警戒 ⓮漫然 ⓯謙虚 ⓰潔癖 ⓱興奮 ⓲驚嘆 ⓳惰性 ⓴窮屈
㉑性急 ㉒忍耐 ㉓卑屈 ㉔粗野 ㉕奔放 ㉖幻滅 ㉗屈託 ㉘執念 ㉙歓喜 ㉚思慕

〈読み取り〉
121 あつれき 122 こっとう 123 ことば 124 こ 125 こんこう
126 こんとん 127 ごうきゅう 128 ごくい 129 ごびゅう 130 さいぎ

14 〈動作〉……44

❶獲得 ❷喚起 ❸容赦 ❹抵抗 ❺誘惑 ❻微笑 ❼参与 ❽徒労 ❾回避 ❿拒絶
⓫迎合 ⓬誇示 ⓭甘受 ⓮懸命 ⓯催促 ⓰奨励 ⓱順応 ⓲沈黙 ⓳逃避 ⓴提示
㉑撤回 ㉒弁解 ㉓暗示 ㉔歓迎 ㉕監視 ㉖許容 ㉗樹立 ㉘率先 ㉙追跡 ㉚卑下

〈読み取り〉
131 さかのぼ 132 ざが 133 しい 134 しゅうえん 135 しゅうしゅう
136 しょうりょう 137 しろもの 138 しんえん 139 しんおう 140 しんげん

15 〈超ジャンルA1〉……50

1 過程
2 領域
3 魅力
4 環境
5 均衡
6 輪郭
7 偶然
8 余裕
9 冒頭
10 瞬間
11 摩擦
12 欠陥
13 証拠
14 効用
15 衝撃
16 事態
17 特徴（特長）
18 由来
19 基礎
20 機会
21 基準
22 帰結
23 効果
24 基盤
25 根底
26 基調
27 範囲
28 危機
29 振幅
30 背景

〈読み取り〉

141 しんし
142 じゃっき
143 じゅばく
144 じゅもん
145 すいとう
146 ずし
147 せいぜつ
148 せつぜん
149 せんたん
150 たずさ

15 〈超ジャンルA2〉……52

1 刺激
2 緊張
3 維持
4 駆使
5 発揮
6 徹底
7 放棄
8 機能
9 崩壊
10 欠如
11 要請
12 規定
13 蓄積
14 匹敵
15 枯渇
16 消滅
17 埋没
18 魅惑
19 推移
20 束縛
21 妥協
22 脱却
23 到達
24 依拠
25 交錯
26 構築
27 荒廃
28 接触
29 提供
30 飛躍

〈読み取り〉

151 たど
152 たんのう
153 だんがい
154 ちょうろう
155 ちょくせつ
156 どんよく
157 ないし
158 なだれ
159 なんじゅう
160 はいち

16 〈超ジャンルB1〉……54

1 閉鎖
2 融合
3 余儀
4 露呈
5 隔離
6 凝縮
7 掲載
8 循環
9 腐敗
10 圧倒
11 影響
12 拡張
13 沈潜
14 停滞
15 転換
16 放置
17 誘発
18 遊離
19 介在
20 隔絶
21 混合
22 混乱
23 増幅
24 対処
25 挑戦
26 輩出
27 赴任
28 変容
29 融和
30 予測

〈読み取り〉

161 はぐく
162 はず
163 はんもん
164 ひっきょう
165 ひるがえ
166 ふうび
167 ふところ
168 ふよ
169 ほどこ
170 ぼうぜん

16 〈超ジャンルB2〉……56

1 多岐
2 間断
3 枚挙
4 命脈
5 軌
6 余地
7 過言
8 往々
9 際限
10 一概
11 依然
12 漠然
13 一環
14 端的
15 専門
16 不断
17 頻繁
18 無造作（無雑作）
19 威厳
20 克明
21 一瞬
22 結構
23 随所
24 優位
25 流儀
26 基底
27 障壁
28 逐次
29 発端
30 一切

〈読み取り〉

171 ぼうばく
172 ぼんのう
173 まね
174 まれ
175 らちがい
176 らんよう
177 れんか
178 わいざつ
179 あつか
180 あ

17 〈超ジャンルC1〉……58

1 微妙
2 究極（窮極）
3 厳密
4 過剰
5 素朴
6 既成
7 固有
8 容易
9 緊密
10 顕著
11 悲惨
12 危険
13 希薄（稀薄）
14 純粋
15 的確（適確）
16 極端
17 丹念
18 複雑
19 空疎
20 柔軟
21 鮮烈
22 奇妙
23 自明
24 潜在
25 濃厚
26 綿密
27 暗黙
28 空虚
29 卓抜
30 多彩

〈読み取り〉

181 いしゃ
182 い
183 さ
184 だじゃれ
185 つの
186 とが
187 とどこお
188 なじ
189 もてあそ
190 よみがえ

17 〈超ジャンルC2〉……60

1 痛烈
2 提唱
3 撤去
4 展開
5 投影
6 唐突
7 虚飾
8 拒否
9 虚無
10 岐路
11 緊迫
12 愚痴
13 挨拶
14 遺産
15 委嘱
16 異様
17 陰惨
18 寛容
19 平穏
20 平衡
21 便宜
22 包括
23 冒険
24 膨大
25 症状
26 衝突
27 触発
28 所産
29 叙述
30 署名

〈読み取り〉

191 ただ
192 たちま
193 きんき
194 おか
195 いしゃ
196 いちじる
197 ひそ
198 ひろう
199 しっかい
200 しっぺい

18 〈超ジャンルD1〉…………62

❶透明 ❷同僚 ❸吐露 ❹内包 ❺如実 ❻濃縮 ❼屈辱 ❽苦闘 ❾経緯 ❿経験

⓫傾斜 ⓬携帯 ⓭該当 ⓮解剖 ⓯拡散 ⓰格闘 ⓱過誤 ⓲画期 ⓳膨張 ⓴舗装

㉑麻酔 ㉒満喫 ㉓果敢 ㉔隔世 ㉕迅速 ㉖究明 ㉗推奨 ㉘推進 ㉙挙動 ㉚崇拝

〈読み取り〉

201 たび 202 ちき 203 くろうと 204 けいれん 205 いちべつ

206 じょう 207 べんぎ 208 ほうふつ 209 しぼ 210 しもん

18 〈超ジャンルD2〉…………64

❶濃淡 ❷排他 ❸強調 ❹培養 ❺配慮 ❻発掘 ❼厳格 ❽厳粛 ❾郊外 ❿巧妙

⓫荒涼 ⓬孤独 ⓭看過 ⓮簡潔 ⓯換言 ⓰感触 ⓱肝心（肝腎） ⓲乾燥 ⓳明瞭 ⓴網羅

㉑模範 ㉒風刺 ㉓厄介 ㉔恐縮 ㉕請求 ㉖雪辱 ㉗拙劣 ㉘是認 ㉙鮮明 ㉚概括

〈読み取り〉

211 ちゅうぞう 212 ちょうそ 213 げだつ 214 けんらん 215 うえん

216 おういつ 217 しんさん 218 もさ 219 じゅず 220 じょうせい

19 〈超ジャンルE1〉…………66

❶波紋 ❷反映 ❸卑近 ❹微細 ❺皮相 ❻卑俗 ❼鼓舞 ❽栽培 ❾師匠 ❿健闘

⓫実証 ⓬幻想 ⓭監督 ⓮甘美 ⓯開墾 ⓰因縁 ⓱緩和 ⓲機嫌 ⓳優雅 ⓴幽玄

㉑憂慮 ㉒愉快 ㉓余韻 ㉔要因 ㉕総括 ㉖相克 ㉗装置 ㉘想定 ㉙促進 ㉚腐心

〈読み取り〉

221 ちょうもん 222 つきやま 223 ごい 224 こうてつ 225 おもむ

226 かいむ 227 やっかい 228 よい 229 しょうばん 230 しょうよう

19 〈超ジャンルE2〉…………68

❶ 必至
❷ 悠然
❸ 披露
❹ 封鎖
❺ 構想
❻ 不朽
❼ 疾走
❽ 至難
❾ 地盤
❿ 若干
⓫ 邪魔
⓬ 渋滞
⓭ 軌跡
⓮ 帰属
⓯ 既存
⓰ 機知
⓱ 座右
⓲ 詰問
⓳ 擁護
⓴ 養殖
㉑ 抑揚
㉒ 落胆
㉓ 羅列
㉔ 隆盛
㉕ 退屈
㉖ 対称
㉗ 卓越
㉘ 知己
㉙ 恥辱
㉚ 稚拙

《参考》

㉖「対称」は[4]の㉓「対照」や㉔「対象」との違いを確認しておこう。

〈読み取り〉

231 つ
232 ふんきゅう
233 ごんげん
234 はんざつ
235 かくちく
236 かや
237 ようや
238 よせ
239 しょくぼう
240 しんらつ

19 〈超ジャンルE3〉…………70

❶ 侮辱
❷ 不審
❸ 負担
❹ 憤慨
❺ 粉砕
❻ 周到
❼ 首肯
❽ 主宰
❾ 取捨
❿ 述懐
⓫ 昇華
⓬ 沿革
⓭ 軌道
⓮ 起伏
⓯ 吸収
⓰ 矯正
⓱ 肝要
⓲ 類似
⓳ 識別
⓴ 留守
㉑ 冷酷
㉒ 浪費
㉓ 露骨
㉔ 窒息
㉕ 眺望
㉖ 治療
㉗ 追随
㉘ 追悼
㉙ 蛇足
㉚ 痛切

〈読み取り〉

241 な
242 なんど
243 ざっぱく
244 ざんげ
245 かわせ
246 かんしょう
247 りゅうちょう
248 わいしょう
249 せいきょ
250 ぜいじゃく

20 〈共通テスト対策 基礎1〉……76

❶ ① 革（②拡 ③角 ④獲 ⑤画）
❷ ① 得（②督 ③特 ④徳 ⑤匿）
❸ ④ 検（①顕 ②険 ③倹 ⑤懸）
❹ ④ 避（①非 ②秘 ③否 ⑤罷）
❺ ③ 虚（①巨 ②拒 ④拠 ⑤挙）
❻ ③ 摘（①的 ②適 ④敵 ⑤笛）
❼ ④ 銘（①命 ②盟 ③明 ⑤迷）
❽ ② 漫（①万 ③満 ④慢 ⑤瞞）
❾ ① 隣（②倫 ③輪 ④臨 ⑤林）
❿ ④ 殖（①植 ②色 ③触 ⑤飾）
⓫ ① 済（②妻 ③祭 ④採 ⑤彩）
⓬ ② 胆（①担 ③単 ④短 ⑤端）
⓭ ② 放（①抱 ③倣 ④豊 ⑤訪）
⓮ ④ 除（①徐 ②如 ③助 ⑤叙）
⓯ ② 維（①緯 ③囲 ④依 ⑤異）
⓰ ⑤ 裁（①催 ②載 ③栽 ④菜）
⓱ ④ 献（①研 ②権 ③遣 ⑤謙）
⓲ ④ 潮（①張 ②聴 ③超 ⑤腸）
⓳ ① 暫（②産 ③残 ④算 ⑤斬）
⓴ ⑤ 到（①当 ②倒 ③答 ④透）
㉑ ① 淡（②担 ③嘆 ④単 ⑤端）

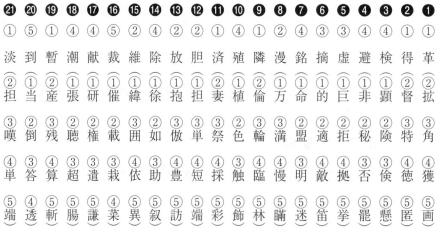

20 〈共通テスト対策 基礎2〉……78

❶ ⑤ 凝（①形 ②仰 ③業 ④行）
❷ ⑤ 襲（①収 ②酬 ③習 ④就）
❸ ⑤ 訴（①疎 ②措 ③礎 ④阻）
❹ ④ 傍（①忘 ②冒 ③防 ⑤暴）
❺ ④ 添（①点 ②展 ③典 ⑤転）
❻ ③ 衝（①償 ②賞 ④渉 ⑤障）
❼ ① 厳（②源 ③幻 ④原 ⑤元）
❽ ② 索（①削 ③搾 ④錯 ⑤策）
❾ ④ 周（①秀 ②集 ③終 ⑤修）
❿ ① 謀（②忘 ③妨 ④望 ⑤剖）
⓫ ② 止（①指 ③旨 ④至 ⑤示）
⓬ ④ 油（①由 ②愉 ③癒 ⑤輸）
⓭ ⑤ 範（①繁 ②伴 ③判 ④犯）
⓮ ② 励（①冷 ③例 ④霊 ⑤礼）
⓯ ① 濃（②農 ③脳 ④能 ⑤納）
⓰ ③ 任（①人 ②忍 ④妊 ⑤認）
⓱ ② 傑（①潔 ③欠 ④決 ⑤結）
⓲ ⑤ 重（①調 ②徴 ③張 ④眺）
⓳ ④ 刻（①克 ②告 ③酷 ⑤谷）
⓴ ⑤ 渇（①滑 ②割 ③活 ④括）
㉑ ⑤ 摩（①真 ②間 ③魔 ④麻）

21 〈共通テスト対策 実戦1〉……80

❶ 衰退 ④衰弱（①純粋 ②垂直 ③麻酔）
❷ 縮図 ②圧縮（①祝宴 ③宿命 ④厳粛）
❸ 概念 ③概況（①慨嘆 ②該当 ④除外）
❹ 脈絡 ④連絡（①娯楽 ②酪農 ③集落）
❺ 推薦 ①推理（②遂行 ③水準 ④吹奏楽）
❻ 還暦 ④還付金（①歓喜 ②閑静 ③環境）
❼ 率直 ③率先（①即興 ②側近 ④速球）
❽ 潤沢 ②光沢（①選択肢 ③開拓 ④委託）
❾ 疎遠 ④空疎（①組織 ②粗雑 ③祖先）
❿ 印刷 ①刷新（②摩擦 ③黙殺 ④落札）
⓫ 威力 ②権威（①異端 ③医療 ④容易）
⓬ 照明 ④照準（①消毒 ②焦点 ③省略）
⓭ 冷蔵庫 ③埋蔵（①偽造 ②肝臓 ④寄贈）
⓮ 隠居 ④隠然（①余韻 ②因習 ③太陰暦）
⓯ 軌道 ④常軌（①起伏 ②放棄 ③風紀）
⓰ 未踏 ①踏襲（②頭角 ③登録 ④答案）
⓱ 有名 ①名著（②明瞭 ③感銘 ④共鳴）
⓲ 安穏 ②穏便（①温暖 ③隠密 ④恩恵）

21 〈共通テスト対策 実戦2〉……82

❶ 形跡 ④史跡
(①職責 ②面積 ③一石)

❷ 用途 ④途上
(①譲渡 ②吐露 ③徒労)

❸ 崇拝 ②拝聴
(①俳優 ③背水 ④排除)

❹ 兆候 ④気候
(①孝行 ②更新 ③行為)

❺ 総じて ④総額
(①捜査 ②独創 ③構想)

❻ 侵食 ③侵入
(①辛酸 ②信条 ④親近感)

❼ 即興 ④興る
(①胸 ②競う ③挟む)

❽ 執筆 ③執る
(①失う ②湿った ④漆)

❾ 感嘆 ④嘆かわしい
(①担う ②淡い ③短い)

❿ 暴力 ②暴く
(①乏しい ③妨げる ④忙しい)

⓫ 所産 ③所
(①書く ②暑い ④緒)

⓬ 賛成 ①成る
(②省く ③正しい ④声)

⓭ 示唆 ④唆す
(①鎖 ②差す ③左)

⓮ 大半 ③半ば
(①反らす ②板 ④犯した)

⓯ 出藍 ②藍
(①乱れた ③卵 ④嵐)

⓰ 臆病 ②臆測
(①記憶 ③奥 ④屋上)

⓱ 俳諧 ①諧謔
(②二階 ③海鮮 ④解説)

⓲ 玩具 ④愛玩
(①頑強 ②祈願 ③含蓄)

21 〈共通テスト対策 実戦3〉……84

❶ 探索 ④索引
(①昨夜 ②添削 ③圧搾)

❷ 強いられる ②屈強
(①自供 ③競合 ④故郷)

❸ 大丈夫 ②頑丈
(①常備 ③冗談 ④譲渡)

❹ 測る ④臆測
(①二束三文 ②促進 ③変則)

❺ 譲る ①謙譲
(②土壌 ③浄化 ④醸造)

❻ 遺伝 ①遺失物
(②維新 ③偉大 ④慰問)

❼ 縛られる ③捕縛
(①起爆 ②暴露 ④漠然)

❽ 紡ぎ ④混紡
(①忙殺 ②感冒 ③解剖)

❾ 臨場 ④臨機応変
(①人倫 ②林立 ③大輪)

❿ 誤り ②誤認
(①相互 ③擁護 ④囲碁)

⓫ 平板 ②看板
(①裁判 ③限定版 ④伴奏)

⑫ 控えて ④控除（①後代 ②貢献 ③拘束）

⑬ 移植 ④植民地（①装飾 ②着色 ③嘱託）

⑭ 澄んだ ①清澄（②調律 ③眺望 ④早朝）

⑮ 元旦 ②一旦（①淡々 ③一端 ④加担）

⑯ 剝製 ②剝奪（①迫真 ③自白 ④拍車）

⑰ 妖怪 ④妖艶（①受容 ②幼少 ③腰痛）

⑱ 伴侶 ②僧侶（①旅行 ③捕虜 ④配慮）

---

22 〈評論読解用語1〉……88

問1

❶ a 共同体 b 規範 c 日常 d 浄化 e 祝祭

❷ a 近代 b 秩序 c 周縁 d 混沌 e 野蛮

❸ a 媒体 b 象徴 c 実在 d 慣習 e 恣意

❹ a 主観 b 客観 c 対象 d 抽象 e 普遍

❺ a 啓蒙 b 矛盾 c 観念 d 封建 e 自我

---

22 〈評論読解用語2〉……90

問1

a ハ b ニ c イ d ホ e ロ

問2

❶ ニ ❷ ハ ❸ イ ❹ ロ ❺ ホ

問3

❶ ニ ❷ ハ ❸ イ ❹ ホ ❺ ロ

問4

❶ i ハ・a 異端

❷ ii イ・b 必然

❸ iii ホ・c 相対

❹ iv ニ・d 革新

❺ v ロ・e 一義

23 〈対義語・外来語〉…………92

問1

❶ 抽象
❷ 総合
❸ 普遍
❹ 内容
❺ 帰納
❻ 散文
❼ 実践
❽ 叙事
❾ 敏感
❿ 慎重
⓫ 怠惰
⓬ 失敗
⓭ 疎遠
⓮ 冷遇
⓯ 逆境
⓰ 悲観
⓱ 現実
⓲ 他律
⓳ 内発
⓴ 権利
㉑ 消費
㉒ 供給
㉓ 縮小
㉔ 複雑
㉕ 濃厚
㉖ 人工
㉗ 中心
㉘ 既知
㉙ 潜在
㉚ 虚偽

問2

(A)
❶ c
❷ a
❸ g
❹ e
❺ b
❻ d
❼ f

(B)
❶ g
❷ d
❸ e
❹ b
❺ c
❻ a
❼ f

24 〈文学史・文芸用語〉…………94

問1

❶ ハ
❷ ロ
❸ ニ
❹ ヘ
❺ ト
❻ イ
❼ ホ
❽ チ

問2

❶ ハ
❷ ヘ
❸ イ
❹ ニ
❺ ホ
❻ ロ

問3

❶ ニ・c
❷ ロ・e
❸ ハ・b
❹ イ・a
❺ ホ・d

25 〈慣用的表現〉…………96

問1

(A)
❶ リ
❷ ヌ
❸ イ
❹ ニ
❺ ヘ
❻ ロ
❼ ト
❽ ハ
❾ チ
❿ ホ

《参考》

❷ 「畢竟」…「畢」＝すべて終わる、「竟」＝ついに・終わるの意。

❸ 「未曾有」…未だ曾て有らずと書き下せる。同意の四字熟語に「前代未聞」がある。

❻ 「等閑」…慣用的に「等閑視」・「等閑に付す」などの使い方をする。

❽ 「濫觴」…「濫」＝あふれる、「觴」＝杯の意。揚子江のような大河も源を探ると、小さな杯を浮かべた時にあふれる程度の湧き水から始まるということから、二字で「始まり」「源」の意を表す。

❾ 「桎梏」…「桎」＝足かせ、「梏」＝手かせの意。

(B)
❶リ　❺ロ　❾ヘ
❷イ　❻ヌ　❿ホ
❸ハ　❼ニ
❹チ　❽ト

《参考》
❸「琴線に触れる」…「琴線」＝古代解剖学で心臓を包み支える神経と考えられていたもので、後に「心情」「情緒」を表す語として定着した。慣用的に「琴線に触れる」という使い方をし、転じて「感動や共鳴を与える」の意に用いる。
❹「正鵠を射る」…「鵠」＝弓の的の中心の黒点。

問2
❶ハ　❻ヌ　⓫ロ
❷ワ　❼ヲ　⓬ニ
❸リ　❽ホ　⓭ヘ
❹チ　❾ト　⓮ル
❺イ　❿ヨ　⓯カ

《参考》
イ〜ヨの語は、例文中の太字の言葉を伴って使われるので、慣用的な表現として、言い回しを含めて覚えてほしい。
❹「枚挙に暇《いとま》がない」…「枚挙」＝一つ一つ数え上げること。
❿「逆鱗に触れる」…普段はおとなしい竜の喉の下にある逆さの鱗に触ると、怒って必ずその人を殺すということから「激しい怒り」の意。
⓮「糊口を凌ぐ」…「糊口」＝かゆをすする。

26 〈ことわざ・故事成語〉………98

問1　参考までに（　）内に読み方を記した。

(A)
❶ヘ（しょうびのきゅう）
❷チ（さんこのれい）
❸イ（とうろうのおの）
❹ト（たざんのいし）
❺ハ（さいおうがうま）
❻ニ（うごうのしゅう）
❼ホ（ぎょふのり）
❽ヌ（たかねのはな）
❾ロ（ぞうげのとう）
❿リ（せいてんのへきれき）

《参考》
❷「三顧の礼」…三国時代の蜀《しょく》の劉備《りゅうび》が諸葛《しょかつ》亮《りょう》を招くにあたり、その家を三度も訪れたという故事による。
❺「塞翁《さいおう》が馬《うま》」…「人間万事《じんかんばんじ》塞翁が馬」の略。辺境の塞《とりで》の近くに住む老人の持ち馬をめぐって幸不幸が転々した故事による。
❼「漁夫の利」…鷸《しぎ》とどぶ貝が争っているうちに、漁師が両者を捕まえてしまったという故事による。「鷸蚌《いっぽう》の争い」とも言う。

（B）

❶ロ（こうやのしろばかま）
❷チ（きゅうぎゅうのいちもう）
❸ハ（ごじっぽひゃっぽ）
❹ヘ（すいぎょのまじわり）
❺ト（ふんけいのまじわり）
❻ホ（じんこうにかいしゃする）
❼イ（しゅんじゅうにとむ）
❽リ（くんしはひょうへんす）
❾ヌ（とらのいをかるきつね）
❿ニ（ぜんもんのとら、こうもんのおおかみ）

《参考》

❸「五十歩百歩」…「戦争で五十歩逃げた者と百歩逃げた者は、逃げた距離は異なるが、逃げたことには変わりはない」という孟子の言葉による。

❹「水魚の交わり」…蜀の劉備が「孤（私）の孔明（諸葛亮）有るは、猶お魚の水有るがごとし」といったという故事による。

❻「人口に膾炙《かいしゃ》する」…「膾」＝細かく切った生肉、「炙」＝あぶり肉。「膾炙」は美味で人々に賞味されることから。

問2

（A）

❶ヘ　❷ロ　❸ト　❹チ　❺ニ　❻ハ　❼ヌ　❽イ　❾リ　❿ホ

《参考》

❽「背水の陣」…漢の韓信が趙《ちょう》と戦った時、本隊を水際に布陣させたため、兵たちは引くに引かれず死に物狂いで戦って趙軍を破ったという故事による。

（B）

❶ロ　❷ヘ　❸リ　❹ハ　❺イ　❻チ　❼ニ　❽ト　❾ホ　❿ヌ

《参考》

❺「人間到る処に青山あり」…江戸時代の釈月《しゃくげつ》性《しょう》が大阪で学問をするために故郷を出る時に作った詩句による。

❻「李下に冠を正さず」…「瓜田《かでん》に覆《くつ》を納《い》れず」も同じ意味。

27 〈四字熟語1〉……100

問1　参考までに（　）内に読み方を記した。

（A）

❶ニ（かろとうせん）
❷ハ（しゅんぷうたいとう）
❸ト（かんぎゅうじゅうとう）
❹イ（こうとうむけい）
❺ロ（きょくがくあせい）
❻チ（けんきょうふかい）
❼ホ（かっかそうよう）
❽ヘ（じかどうちゃく）
❾ヌ（すいせいむし）
❿リ（てんしんらんまん）

《参考》

❸「汗牛充棟」…書物が多くて、車に積んで動かせば牛も汗をかき、積み上げれば家の棟木《むな》に届くほどであることから。

（B）

❶ヘ（そくてんきょし）
❷ト（ちょうれいぼかい）
❸リ（てんいむほう）
❹イ（いちごいちえ）

❺ニ（きんかぎょくじょう）
❻ハ（はらんばんじょう）
❼ヌ（たいぜんじじゃく）
❽ホ（がしんしょうたん）
❾ロ（あんしんりつめい）
❿チ（むいしぜん）

《参考》

❽「臥薪嘗胆」…春秋時代、呉王夫差《ふさ》が薪の上に寝て父のかたきの越王勾践《こうせん》に対する仇討《あだう》ちの志を忘れないようにし、夫差に敗れた勾践も胆を嘗《な》めて仇討《あだう》ちの志を忘れないようにしたという故事による。

問2　参考までに（　）内に読み方を記した。

(A)

❶半・ホ（いっちはんかい）
❷発・イ（いちねんほっき）
❸衣・ト（いちいたいすい）
❹暮・ヘ（ちょうさんぼし）
❺歌・ハ（しめんそか）
❻口・リ（いくどうおん）
❼我・ヌ（がでんいんすい）
❽断・チ（ごんごどうだん）
❾業・ニ（じごうじとく）
❿末・ロ（ほんまつてんとう）

《参考》

❹「朝三暮四」…中国の狙公《そこう》が飼っていた猿の食糧を制限しようとして、とちの実を朝三つ夕方四つ与えようと言ったところ猿は怒り、朝四つ夕方三つ与えようと言ったところ猿は大喜びしたという故事による。

❺「四面楚歌」…楚の項羽《こうう》が垓下《がいか》で漢の劉邦の軍に囲まれた時、漢軍の中から楚の歌が聞こえたので、楚の人民がすでに降伏したかと思い深く嘆いたという故事による。

(B)

❶舟・ハ（ごえつどうしゅう）
❷雷・イ（ふわらいどう）
❸暗・ヌ（あんちゅうもさく）
❹天・リ（きそうてんがい）
❺針・ホ（しんしょうぼうだい）
❻霧・ヘ（ごりむちゅう）
❼無・ト（ぼうじゃくぶじん）
❽滅・チ（しりめつれつ）
❾範・ニ（そっせんすいはん）
❿懲・ロ（かんぜんちょうあく）

《参考》

❶「呉越同舟」…春秋時代、呉と越は敵国の間柄であったが、その人々が同じ舟に乗り合わせたという故事による。

27 〈四字熟語2〉……102

問1　参考までに（　）内に読み方を記した。

❶気（いきけんこう）
❷髪（ききいっぱつ）
❸鬼（ぎしんあんき）
❹経（けいせいさいみん）
❺顔（こうがんむち）
❻周（よういしゅうとう）
❼体（ぜったいぜつめい）
❽工（どうこういきょく）
❾辛（りゅうりゅうしんく）
❿背（にりつはいはん）

問2　参考までに（　）内に読み方を記した。

❶面従腹背（めんじゅうふくはい）
❷乾坤一擲（けんこんいってき）
❸右往左往（うおうさおう）
❹換骨奪胎（かんこつだったい）
❺捲土重来（けんどちょうらい）
❻巧言令色（こうげんれいしょく）
❼縦横無尽（じゅうおうむじん）
❽羊頭狗肉（ようとうくにく）
❾岡目八目（おかめはちもく）

❿鶏口牛後（けいこうぎゅうご）

《参考》

❷「乾坤一擲」…「擲」は投げる、「乾坤」は天地の意。さいころを一回投げて天地を賭《か》けることから。

❽「羊頭狗肉」…羊の頭を看板にして、実は犬の肉を売ることから。

❾「岡目八目」…囲碁をわきで見ている人は、打っている本人より八目も先の手が読めるということから。

❿「鶏口牛後」…戦国時代の遊説家蘇秦は、六国が同盟を結んで大国の秦に対抗すべきだとして、韓王に「寧《むし》ろ鶏口と為るとも牛後と為るなかれ」と言ったことによる。

問3　参考までに（　）内に読み方を記した。

❶消沈（いきしょうちん）
❷起承（きしょうてんけつ）
❸旧態（きゅうたいいぜん）
❹兼備（さいしょくけんび）
❺森羅（しんらばんしょう）
❻石火（でんこうせっか）
❼即妙（とういそくみょう）
❽優柔（ゆうじゅうふだん）
❾蛇尾（りゅうとうだび）
❿以心（いしんでんしん）
⓫単刀（たんとうちょくにゅう）
⓬山紫（さんしすいめい）
⓭哀楽（きどあいらく）
⓮臨機（りんきおうへん）
⓯大義（たいぎめいぶん）
⓰回生（きしかいせい）
⓱佳人（かじんはくめい）
⓲東風（ばじとうふう）
⓳即発（いっしょくそくはつ）
⓴曲折（うよきょくせつ）

28

〈語句の意味1〉……104

❶②　❷④　❸⑤　❹①　❺④　❻④　❼⑤

❽④　❾②　❿⑤　⓫①　⓬⑤　⓭④　⓮③

28

〈語句の意味2〉……106

❶②　❷①　❸①　❹②　❺④　❻①　❼④

❽②　❾②　❿④　⓫③　⓬③　⓭③　⓮②

29 〈文法〉……108

問1

❶ ロ

例文は形容詞。イは打ち消しの助動詞。ロは形容詞。

《重要》

判別方法　その1　「ない」の区別

a 助動詞の「ない」は打ち消し。打ち消しの助動詞には、他に「ぬ」がある。そこで「ない」を「ぬ」に置き換えて意味が通れば助動詞。

例　僕は行かねばならない（助動詞）
　　　　　　　　　　=「ぬ」

b 「ない」の直前に「は」「が」が入れられれば形容詞。

例　僕の部屋は広く(は)ない。

❷ ロ

例文は形容動詞。イは連体詞。ロは形容動詞。ハは動詞＋様態の助動詞「そうだ」。（「しのぐ」と「そうだ」に分けられる）

形容動詞は次のように活用する。

語幹	未然形	連用形	終止形	連体形	仮定形	命令形
豊か	だろ	だっ で に	だ	な	なら	○

＊重要なのは「で」「に」「だ」「な」。この活用を利用して以下のように判別できる。

《重要》

判別方法　その2　形容動詞の区別

「で」「に」「だ」「な」という活用語尾が付けられれば形容動詞。

例　「豊かで」→「豊かに」→「豊かだ」
→「豊かな」となるものはすべて形容動詞。

＊**注意**　「―で」は助詞・助動詞と、「―だ」は助動詞と、「―な」は連体詞と間違いやすいので、必ず二つ以上活用させて確かめること。

❸ イ

例文は推定の助動詞。イも推定の助動詞。ロは体言に付き形容詞をつくる接尾語。「いかにも～にふさわしい」という意味で、～の特徴をよく備えている様子を言い表す。ハは形容詞「めずらしい」の一部。

❹ ハ

例文は様態（そういう様子だという意味を表すこと）の助動詞。イとロは伝聞の助動詞。言い切り（終止形）に接続している。ハは様態の助動詞。連体形に接続している。

❺ ハ

例文は比況（動作・状態を他のものにたとえて表すこと）の助動詞。イは例示の助動詞。ロは不確かな断定の助動詞。ハは比況の助動詞。

❻ ニ

例文は可能の助動詞。イは受身の助動詞。ロは尊敬の助動詞。ハは自発の助動詞。ニは可能の助動詞。

《重要》

判別方法　その3　「れる」「られる」の区別

受身―他から動作を受けるという意味で「～に」のように行為者・物が上にくる。（省略されている場合があるので注意）

可能―「～ことができる」と置き換えられる。

自発―他から力が加わらないのに自然にそうなるという意味になっている。

尊敬―話し相手や話中の人物に対する敬意が表れている。

❼ ニ

例文は原因・理由を示す格助詞。**イ**は形容動詞「平和だ」の連用形活用語尾。**ロ**は断定の助動詞。**ハ**は接続助詞「て」。動詞「呼び」+助詞「て」の動詞の音便化に伴う助詞の音の変化。**ニ**は原因・理由を示す格助詞。

❽ イ

例文は主語を示す格助詞。**イ**も主語を示す格助詞。**ロ**は連体修飾の格助詞。**ハ**は準体助詞（体言に準ずる格助詞）。**ニ**は終助詞。

《重要》

判別方法　その4　「の」の区別

a 「の」はまず第一に「が」に置き換えてみよ。意味が通れば主語を示す格助詞。

b 「の」を「こと」「もの」「のもの」に置き換えて意味が通れば準体助詞。

❾ ハ

例文は断定の助動詞。**イ**は過去の助動詞。動詞「飛び」+助動詞「た」の動詞の音便化に伴う助動詞の音の変化。**ロ**は形容動詞「丈夫だ」の終止形活用語尾。**ハ**は断定の助動詞。**ニ**は比況の助動詞「ようだ」の一部。

問2

❶ 1

太字は打ち消しの助動詞。1も打ち消しの助動詞。2～4は形容詞。

❷ 2

太字は形容動詞。1と3は連体詞。2は形容動詞。4は様態の助動詞。

連体詞とは活用しないで体言を修飾する語で、次のようなものがある。

「―の」の形	この・その・あの・どの
「―な」の形	大きな・小さな・主な・こんな・そんな・あんな・どんな
「―た」の形 「―だ」の形	たいした とんだ
「―る」の形	あらゆる・いかなる・いわゆる・さる・ある

＊なかでも**太字のもの**は、助詞の「の」、形容動詞、動詞などと間違いやすいので要注意。

❸ 4

太字は受身の助動詞。1は尊敬の助動詞。2は可能の助動詞。3は自発の助動詞。4は受身の助動詞。

❹ 3

太字は準体助詞。1は連体修飾の格助詞。2は主語を示す格助詞。3は準体助詞。4は連体詞「その」の一部。

30 〈部首・画数・構成〉…………110

問1
❶ニ・15　❿ソ・10　⓳ヘ・15
❷リ・12　⓫ネ・15　⓴ツ・10
❸タ・11　⓬ロ・15　㉑ラ・15
❹ル・11　⓭カ・11　㉒チ・16
❺ハ・8　⓮レ・15　㉓キ・8
❻ム・9　⓯ヲ・13　㉔ヨ・16
❼ウ・8　⓰ト・12　㉕イ・13
❽ナ・12　⓱ヌ・13
❾ホ・10　⓲ワ・6

問2　参考までに（　）内に読み方を記した。
❶ホ（にゅうねん）　❺ホ（さくぶん）
❷ハ（どはつ）　❻イ（てんじゅ）
❸ニ（びれい）　❼ニ（きゅうそく）
❹ロ（ひかん）　❽ホ（とざん）

《参考》
❶「入念」…「入れる」（述語）＋「念を」（目的語）。
❷「怒髪」…「怒る」（修飾語・動詞）＋「髪」（被修飾語・名詞）。
❹「悲観」…（修飾語・副詞）＋「観《み》る」（被修飾語・動詞）。
❺「作文」…「作る」（述語）＋「文を」（目的語）。
❻「天授」…「天が」（主語）＋「授ける」（動詞）。
❽「登山」…「登る」（述語）＋「山に」（補語）。

問3　参考までに（　）内に読み方を記した。
❶ニ（けしいん）　❻イ（こき）
❷ハ（すがお）　❼ハ（しわざ）
❸ニ（みぶん）　❽ロ（ゆきぞら）
❹イ（かいさい）　❾ハ（きゃくま）
❺ハ（やくば）　❿ロ（よこあな）

《参考》
漢字の読み方には、中国語の音を借りて読む「音読み」と日本に従来からあった言葉を当てて読む「訓読み」がある。
熟語の場合、すべて「音読み」なら「音読み」といい、すべて「訓読み」なら「訓読み」という。二字熟語で、はじめが「音読み」次が「訓読み」の場合、「重箱《じゅうばこ》読み」という。逆に、はじめが「訓読み」次が「音読み」の場合、「湯《ゆ》桶《とう》読み」という。

問4
❶しにせ❷ かたず❸ ざこ❹ しぐれ❺ しけ❻ちょうちん　⓫たいまつ
❷かたず　❼のどか　⓬あくび
❸ざこ　❽げんち　⓭ちんじ
❹しぐれ　❾たそがれ　⓮のれん
❺しけ　❿さすが　⓯さゆ

チェックテストA……18

1 衝動
2 執着
3 錯覚
4 凝視
5 踏襲
6 摂取
7 享受
8 忘却
9 折衷
10 喪失
11 抑制
12 円滑
13 陥
14 促
15 図
16 際立
17 干渉
18 鑑賞
19 阻害
20 疎外
21 ゆえん
22 すいこう
23 ちゅうちょ
24 ぜんじ
25 むく
26 しかん
27 へいぜい
28 へんぼう
29 かっとう
30 しい

チェックテストB……32

1 模倣(摸倣)
2 傑作
3 旋律
4 架空
5 犠牲
6 逸脱
7 崇高
8 奇跡(奇蹟)
9 媒介
10 思索
11 懐疑
12 洞察
13 業績
14 繁盛(繁昌)
15 規範
16 拘束
17 偽善
18 更迭
19 侵害
20 誘致
21 せんりつ
22 ふっしょく
23 りょうが
24 きょうじん
25 けいけん
26 ささい
27 はんちゅう
28 るふ
29 あいとう
30 ねつぞう

チェックテストC……46

1 堕落
2 錯誤
3 交渉
4 顧慮
5 吟味
6 後悔
7 怠惰
8 感銘
9 軽率
10 慎重
11 感慨
12 警戒
13 大胆
14 謙虚
15 屈託
16 獲得
17 喚起
18 抵抗
19 徒労
20 沈黙
21 わいきょく
22 あんのん
23 おうのう
24 きぐ
25 きょうさ
26 くどく
27 げさく
28 こんとん
29 しゅうえん
30 しんえん

チェックテストD……72

1 過程
2 摩擦
3 機会
4 背景
5 維持
6 要請
7 妥協
8 構築
9 余儀
10 停滞
11 増幅
12 赴任
13 過剰
14 純粋
15 潜在
16 空虚
17 多岐
18 間断
19 威厳
20 一切
21 異様
22 寛容
23 詰問
24 経緯
25 携帯
26 栽培
27 幻想
28 衝突
29 触発
30 崇拝
31 促進
32 投影
33 吐露
34 培養
35 落胆
36 便宜
37 模範
38 厄介
39 擁護
40 冷酷
41 しんし
42 せつぜん
43 ちょうろう
44 はいち
45 はぐく
46 ほどこ
47 らんよう
48 いしゃ
49 とが
50 よみがえ
51 いちべつ
52 い
53 きんき
54 げだつ
55 しもん
56 しんらつ
57 ちき
58 な
59 わいしょう
60 りゅうちょう

チェックテストE……86

1 ④
2 ④
3 ②
4 ④
5 ⑤
6 ④
7 ⑤
8 ③
9 ④
10 ⑤
11 ①
12 ④
13 ②
14 ②
15 ④

チェックテストF……112

1 浄化
2 混沌
3 象徴
4 普遍
5 矛盾
6 絶対
7 総合
8 帰納
9 供給
10 中心
11 パラドックス
12 モチーフ
13 カテゴリー
14 フィクション
15 アイデンティティ
16 アイロニー（イロニー）
17 写実主義
18 浪漫主義
19 自然主義
20 ⑤
21 ①
22 ②
23 ①
24 ②
25 きょうじ
26 ひっきょう
27 おはこ
28 枚挙
29 一笑
30 急
31 石
32 花
33 白
34 口
35 秋
36 半
37 暮
38 道
39 和
40 傍
41 暗
42 形容詞
43 助動詞
44 形容動詞
45 連体詞
46 ③
47 ③
48 りっしんべん
49 こざとへん
50 やまいだれ

索引

こ

さ

に

ぬ・ね

の

は

ひ

る・れ

ろ・わ

KAWAI PUBLISHING